아이의 영어 환경은
집에서 시작된다

아이의 영어 환경은
집에서 시작된다

즐기면서 자연스럽게 배우는 엄마표 영어 노출 이야기

초 판 1쇄 2025년 09월 10일

지은이 정효진(쭈똑맘)
펴낸이 류종렬

펴낸곳 미다스북스
본부장 임종익
편집장 이다경, 김가영
디자인 임인영, 윤가희
책임진행 김은진, 이예나, 김요섭, 안채원

등록 2001년 3월 21일 제2001-000040호
주소 서울시 마포구 양화로 133 서교타워 711호
전화 02) 322-7802~3
팩스 02) 6007-1845
블로그 http://blog.naver.com/midasbooks
전자주소 midasbooks@hanmail.net
페이스북 https://www.facebook.com/midasbooks425
인스타그램 https://www.instagram.com/midasbooks

© 정효진(쭈똑맘), 미다스북스 2025, *Printed in Korea*.

ISBN 979-11-7355-486-5 03370

값 19,500원

※ 파본은 구입하신 서점에서 교환해드립니다.
※ 이 책에 실린 모든 콘텐츠는 미다스북스가 저작권자와의 계약에 따라 발행한 것이므로 인용하시거나 참고하실 경우 반드시 본사의 허락을 받으셔야 합니다.

미다스북스는 다음세대에게 필요한 지혜와 교양을 생각합니다.

즐기면서 자연스럽게 배우는 **엄마표 영어 노출 이야기**

아이의 영어 환경은 집에서 시작된다

정효진(쭈뚝맘) 지음

미다스북스

프롤로그	엄마와 교사로서의 두 시선	7

들어가며	왜 나는 일찍부터 영어 환경 만들기를 시작했나?	
	영어를 10년 넘게 배워도 말이 안 나오는 이유	13
	아이에게 영어라는 선물을 건네주기로 한 순간	17

1장

소리로 귀를 열다 : 듣기 환경 조성기	
소리와 맥락을 결합하라	23
효과 200% 듣기 노출과 음원 활용의 비밀	25
쭈똑맘의 팁! 효과적인 영어 노래 활용법	31
영어 영상 노출법 한눈에 보기	37
쭈똑맘의 팁! 아이의 관심사를 활용한 영상 노출	44
영상 노출 시 엄마는 이렇게	46
영상 노출 효과 제대로 내는 방법	51
쭈똑맘의 팁! 아웃풋까지 이어지는 영상 노출 전략 3단계	56

2장

그림책으로 즐기기 : 영어 감각 확장기	
영어책 읽기, 놀이처럼 즐겁게 하는 전략	65
엄마의 발음이 걱정된다면?	71
그림책과 리더스북의 활용	74
어휘력을 넓히는 엄마의 실전 방법	76

아이가 단어 뜻을 물어볼 때는?	80
생각이 자라는 영어책 읽기	83
내 아이가 좋아하는 영어책 고르기	89
한글책과 영어책의 비율	92
E-book 똑똑하게 활용하기	96

3장 쭈똑이가 영어로 술술 말하게 된 비결 : 발화 자극 실천기

하루 한 장면 대화와 책 속 표현 활용법	103
쭈똑맘의 팁! 책 속 표현으로 아웃풋 끌어내기 1, 2	106
단어와 패턴, 이렇게 반복하니 말이 술술	116
놀이로 자신감 키우기	120
책에 나온 장면 따라 하기	132
쭈똑맘의 팁! 책을 활용한 발화 자극법	135
역할 놀이: 말문을 트이게 한 비결	138
오늘 하루는 이 문장만: 타깃 문장 정하기	141
문법? 발음? 교정보다 중요한 것은 따로 있다	145
발화가 이루어지지 않을 때, 엄마가 점검할 것들	151

4장 습득으로 시작해서 학습으로 다져가는 영어

파닉스, 언제 어떻게 시작할까?	157
쭈똑맘의 팁! 재미있는 파닉스 놀이	162

	음가, 사이트 워드, 리더스북 실전 읽기 과정	166
	따라 읽기에서 혼자 읽기로: 읽기 습관 만들기	170
	유아기 영어 읽기 집착이 놓치게 하는 것들	177
한 걸음 더	영어 공부, 중학교부터가 진짜다	
	영어 정서는 실력의 기반이 된다	183
	초등 영어의 목적은 완성이 아니라 준비	185
	중학교 영어 공부법	189
	어휘력과 문해력, 결국 글을 이해하는 힘	194
에필로그	우리 집에서 피어나는 아이의 영어	198
부록	1 쭈쭈이의 월령별 영어 노출 활동 정리표	200
	2 아이와 함께 읽은 영어책 추천 목록	202
	3 아이에게 쓰는 상황별 영어 표현(60가지 상황 / 400문장 이상)	213

프롤로그

엄마와 교사로서의
두 시선

  영어를 글로 먼저 배운 세대인 저는 문법 공부와 문제 풀이에는 익숙했지만, 막상 영어로 말하려고 하면 머릿속에서 완벽한 문장을 만들기 전에는 입 밖으로 내뱉기가 어려웠습니다. 그러던 제가 대학 시절, 영어 말하기에 대한 갈증을 해소하고 싶어 짧은 어학연수를 떠나게 되었습니다. 스스로를 영어 환경에 더 많이 노출시키기 위해 수업이 끝나면 현지인들과 함께 아르바이트를 하면서 듣고 말하기를 끊임없이 반복했습니다. 그렇게 영어라는 소리에 꾸준히 노출되자 어느 순간, 머릿속을 거치지 않아도 말이 술술 나오는 경험을 하게 되었죠. 글로만 익숙했던 영어가 소통을 위한 언어가 되는 순간이었습니다.

  저는 당시 영어로 된 어려운 전공책도 무리 없이 읽었지만, 막상 말하려고 하면 그 수준만큼은 절대 미치지 못했습니다. 영어라는 언어가 우리말처럼 어느 정도 듣고 말할 수 있는 능력이 먼저 형성된 뒤에 학습이 더해졌다면 훨씬 수월했을 겁니다. 하지만 현실에서는 저처럼 영어 소리에 익숙해지기도 전에 글부터 배우는 경우가 대다수입니다. 그리고 영어를 처음 접하게 되는 연령도 점점 낮아지고 있고요. 갓난아기에게 들려준 말은 얼마 되지도 않는데, 벌써 '가나다라'를 읽으라고 하는 것과 별반 다르지 않습니다.

영어를 듣고 말할 수 있는 능력이 갖춰지고, 언어 구조가 머릿속에 잡힌 후에 텍스트나 문제를 접하면 훨씬 더 능동적으로 받아들일 수 있습니다. 요즘 수능 영어 난이도가 높아진 것도 그만큼 어릴 때부터 영어를 접해서 잘하는 학생들이 많아졌기 때문입니다. 예전에는 말은 잘 못해도 문제 하나는 기가 막히게 푸는 학생들이 많았다면, 이제는 다릅니다. 현장에서 10년 넘게 가르치며 해마다 아이들의 영어 실력이 예전과는 확연히 달라지고 있다는 걸 체감하고 있어요. 저는 제 아이에게 영어라는 언어를 접하게 하면서, 그리고 학교에서 중고등학생들을 가르치면서 내린 결론이 있습니다. 언어라는 건 구사할 수 있을 때 진정한 빛을 발한다는 것입니다. 그래서 저는 아이의 영어는 학습이 아닌 습득으로 만나게 해주고 싶었습니다. 영어로 듣고 보는 세상이 얼마나 드넓고 새로운지를 느끼게 해주고 싶었습니다. 그리고 지금 저는 '우리 집 영어 환경'을 만들어 노출하며 아이의 언어 습득 황금기를 함께 보내고 있습니다. 쭈똑이에게 이미 영어는 의사소통의 도구로 자리 잡혀 어느덧 한국어뿐만 아니라 영어도 편하게 말하는 아이가 되었습니다.

누구나 내 아이는 영어 의사소통에도 능통하고 학교 영어 시험도 잘 봤으면 좋겠다고 생각할 것입니다. 한국의 영어 교육 현장 속에서 습득 위에 학습을 다져가는 큰 그림을 함께 그려보고, 영어로 자유롭게 말하는 아이로 키우기까지 그동안 제가 해온 여러 가지 영어 노출법과 경험을 함께 공유하고자 책을 쓰게 되었습니다. 영어를 10년 넘게 공부하고도 외국인을 만나면 말 한마디 하기 어려운 영어 학습에서 벗어나, 많은 아이들이 영어를 즐겁게 만나 언어 그 자체로서 받아들였으면 좋겠습니다. 영어 교사로서 그리고 한 아이의 엄마로서 진심을 담아 경험과 이야기를 전합니다.

들어가며

왜 나는 일찍부터 영어 환경 만들기를 시작했나?

소통하는 영어를 위한 첫걸음은 환경조성에서 시작된다

들어가며
영어를 10년 넘게 배워도 말이 안 나오는 이유

고등학교 영어 독해 문제의 지문을 보면, 내용이 꽤 깊이 있고 수준이 높다. 이 어려운 내용도 열심히 공부하며 척척 이해하고 있는 아이들임에도 불구하고 막상 영어로 말해야 하는 순간이 오면 말문이 막히는 이유는 무엇일까? 바로 영어를 눈으로 배웠기 때문이다.

한번은 수업 중 지문에서 'subtle(미묘한)'이라는 단어가 나왔다. 분명 눈으로 읽었을 때는 많은 학생이 단어 뜻을 알고 있었지만, 게임 활동에서 이 단어를 소리로 들려주고 맞춰보라고 했더니 모르는 단어가 되어 버렸다. 왜 그랬을까? 아이들은 실제 이 단어의 소리를 들을 기회가 적었기 때문에, '써를(subtle)'이라는 소리를 들었을 때 그 소리와 뜻이 머릿속에서 연결되지 않은 것이다. 보통 아이들은 단어를 외울 때 '썹틀(subtle)'처럼 스스로 읽기 쉬운 방식으로 기억한다. 그러다 보니 실제 발음인 '써를'을 들었을 때 그것이 같은 단어라는 걸 인식하지 못하고 낯설게 느끼는 것이다.

이렇게 문제 풀기와 읽기에 치우친 영어 공부는 영어를 언어가 아닌 학습의 대상으로서 외우듯이 공부했기 때문에 의사소통을 위한 언어의 기능을 하지 못한다. 들리지 않는 단어는 입 밖으로도 나오지 않기 때문이다. 나부터가 이렇게 영어를 배웠기 때문에 듣는 영어 귀와 말하는 영어 입을 뚫는 데 상당한 노력과 시간이 들었다. 물론 성인이 되어서도 꾸준히 연습하고 노력한다면 잘할 수 있겠지만, 영어를 학습이 아닌 언어 그 자체로 습득하는 어린아이들을 따라가기란 쉽지 않다. 그래서 가급적 영어 귀는 어릴 때 트이는 게 좋다고 생각한다. 한번 트인 영어 귀는 말하기로도 이어지고 읽기와 쓰기까지도 자연스레 연결될 수 있기 때문이다. 마치 아이가 세상에 태어나 오랜 시간 동안 모국어를 듣고, 그렇게 쌓인 듣기 인풋으로 말하기를 하며, 길거리에 보이는 간판부터 읽기 시작해서, 나중에는 엄마 아빠에게 사랑한다는 편지를 쓰듯이 말이다.

호주에서 어학연수를 할 때였다. 당시 나는 외국인 친구를 사귀고 싶기도 하고 실전 상황에 뛰어들어 영어 실력을 높이고 싶어 아르바이트를 시작했다. 내 인생 최대 영어 노출 시기로 한창 말하기에 자신감이 오르던 때라 인터뷰를 보자마자 다음 날부터 바로 나오라는 매니저의 연락을 받았다. 들뜬 마음으로 일하기 시작한 지 일주일이 지났을까? 그날도 손님에게 샌드위치와 커피를 건네며 "Have a good day."라고 얘기했는데 갑자기 그 손님이 주차장과 관련해서 질문을 퍼붓기 시작했다. 그런데 나는 당시 운전을 하지 않아 건물 주차장에 가본 적이 없었고 배경지식이 없으니 내 귀에는 'parking area'란 단어 외에는 들리지 않았다. 갑자기 머릿속이 하얘졌다. 결국 소통이 단절된 채 머뭇거리고 있던 나를 보고 현지 아르바이트생이 대신 답변을 해주며 나에게 이렇게 한마디를 건넸다. "You're struggling with English.(영어 때문에 애를 먹고 있구나.)" 이때 이 친구의 무시하는 듯한 말투가 아직도 잊히지 않는다. 아무리 말하기를 연습하면 뭐 하나. 들려야 말을 할 것을.

모든 언어는 듣기에서 시작된다. 한국어든 영어든 세상 모든 언어는 시작하자마자 문자부터 배우지 않는다. 엄마 아빠가 나를 향해 건네는 다정한 말소리, 길가에서 대화하는 사람들의 목소리, 어린이집 선생님의 말소리 등 태어나자마자 아이는 무수히 많은 소리에 노출 된다. 그렇게 차곡차곡 쌓인 소리를 가지고 아이들은 '엄마'와 같은 한 단어부터 시작해, 누가 가르쳐 주지 않아도 몇 년 후에는 유창한 말하기 실력을 갖추게 된다.

그럼, 외국어인 영어는 어떨까? 우리는 ABC부터 쓰기 시작해서 영어 시험도 곧잘 봤지만 그럼에도 불구하고 외국인을 만났을 때 입도 뻥긋 못한다면 우리 아이는 조금 다르게 접근해야 하지 않을까? 언어는 가장 효과적으로 배울 수 있는 결정적 시기(Critical Period)가 있다. 0~7세 아이들은 뇌 가소성이 높아 자연스럽게 언어를 받아들이고 익힐 수 있다. 영어 특유의 발음이나 억양, 문장 구조와 문법 등을 별도로 공부하지 않아도 모국어처럼 습득할 수 있는 것이다. 나는 성인이 된 후에 영어 듣기와 말하기 실력을 향상 시키는 것이 결코 쉽지 않다는 것을 몸소 체험했기 때문에 내 아이의 이 황금 같은 시기를 그냥 흘려보내기는 아쉽다고 생각했다.

모든 언어의 기본은 듣기다. 듣기가 잘 돼야 소통할 수 있다. 상대의 말을 이해하고, 그 맥락 속에서 반응하는 것, 그것이 소통이다. 그래서 나는 내 아이에게는 '영어를 듣기부터 시작하게 해주면서 모국어와 같은 방식으로 발달할 수 있게 노출해 보자.'라는 야심 찬 생각을 갖게 되었고 이것이 우리의 영어 여정의 시작이 되었다.

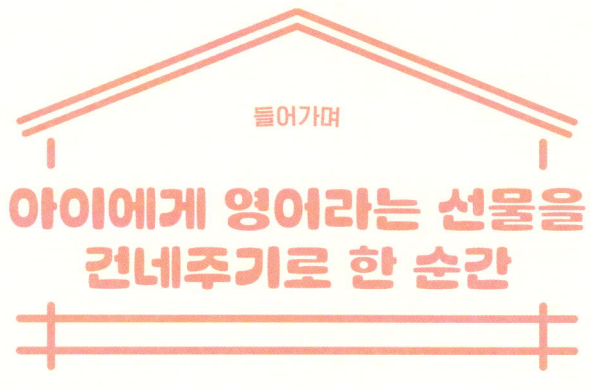

들어가며
아이에게 영어라는 선물을 건네주기로 한 순간

　제아무리 AI와 번역이 발달한 시대라고 하지만 살아가는 데 있어 영어라는 것에 능통해지면 이점이 참 많다는 것은 누구나 동의할 것이다. 그런데 겪어 보니 영어 읽기만큼이나 중요한 게 듣고 말하는 의사소통 능력이라는 것을 알게 되었다. 하지만 우리나라 환경에서 아이를 한국어와 영어 둘 다 완벽하게 구사하게 키우는 것은 어렵다고 생각한다. 게다가 그럴 필요도 없다는 생각이 들었다. 왜냐하면 결국 아이의 언어의 뿌리는 모국어이고 외국어인 영어는 모국어의 뒤를 따라갈 수밖에 없기 때문이다. 엄마인 내가 원어민처럼 영어에 능통해서 엄청난 노력을 기울인다면 또 모를까, 아이가 커가는 이 한국 땅에서 영어는 외국어일 뿐이다. 하지만 영어를 유연하게 받아들이는 아이로는 키울 수 있다.

　영어를 유연하게 받아들일 수 있게 하는 방법은 단순히 시험을 위한 영어가 아니라, 언어 자체를 자연스럽게 접하고 활용할 수 있는 환경을 조성하는 것이다. 아이가 영어를 두려워하지 않고, 필요할 때 적극적으로 사용할 수 있도록 만드는 것이 목표다. 이를 위해서 유아기에는 학습보다는 노출 환경을 만들어 주는 것이 중요하다. 아이가 일상에서 자연스럽게 영어를 접할 기회를 만들어 주고, 억지로 배우게 하기보다는 흥미와 재미를 통해 영어와 친숙해질 수 있도록 도와야 한다. 예를 들어, 영어 그림책을 재밌게 읽는 경험, 영어 영상을 보면서 깔깔 웃어보는 경험, 또한 역할 놀이를 통해 캐릭터를 흉내 내 보는 경험, 이렇게 작은 경험들이 쌓이면, 아이는 영어를 배워야 하는 부담스러운 존재가 아니라, 친숙한 또 하나의 언어로 받아들이게 된다.

결국 중요한 것은 영어를 '잘해야 한다.'라는 압박에서 벗어나, 영어를 '즐길 수 있도록' 만들어 주는 것이다. 엄마표 영어를 실천하면서 가장 먼저 내려놓아야 할 점은 내가 아이를 가르쳐야 한다는 부담감이다. 많은 부모가 영어를 시작하려고 할 때 '내가 영어를 잘 못하는데, 어떻게 가르치지?'라는 고민을 한다. 하지만 엄마표 영어에서 엄마는 'teacher(교사)'가 아니라 'facilitator(촉진자)'의 역할을 한다. 엄마는 아이 앞에 서서 지식을 전달하는 사람이 아니라 대신 아이 곁에서 함께 영어와 자연스럽게 만나도록 환경을 만들어 주는 사람이다. 좋은 영상과 음원을 찾아주고, 재미있는 책을 함께 읽고, 아이가 영어를 접할 기회를 끊임없이 열어주면서 그 안에서 흥미와 의미를 발견하도록 도와주는 것이다.

'facilitator'는 말 그대로 facilitate, 즉 '용이하게 만들다.', '원활하게 하다.'라는 뜻을 지닌다. 아이가 영어를 배워가는 과정이 매끄럽게 이어지도록 도와주는 존재가 바로 엄마다. 스스로 영어에 접근하고 배울 수 있도록 자연스러운 흐름을 설계해 주는 것이다. 엄마표 영어는 아이가 영어에 흥미를 느끼고 친숙해지도록 돕는 과정이다. 그 과정에는 가르치려고 애쓰기보다 영어를 자연스럽게 노출 해주고, 아이가 영어에 관심을 갖도록 길을 터주는 사람인 엄마가 있다. 이것이 바로 엄마표 영어에서 말하는 엄마의 역할이다. 엄마가 먼저 영어를 즐기고 자연스럽게 아이와 함께 활용하는 모습을 보여준다면 아이도 점차 영어를 유연하게 받아들이게 될 것이다. 그리고 이러한 환경 속에서 자란 아이는 단순한 영어 학습을 넘어, 영어를 자유롭게 활용할 수 있는 능력을 키워나가게 된다.

비유하자면, 나는 쭈똑이가 네이버에 국한되지 않고 구글에서도 영어로 된 방대한 정보와 지식을 마음껏 탐색할 수 있는 능력을 갖춘 아이로 자라길 바란다. 그리고 훗날 원하는 인생의 무대에서 자기 생각을 영어로 펼칠 수 있는 아이로 키우고 싶다. 내 아이에게는 영어가 단순한 시험 점수를 위한 도구가 아니라, 세상을 넓게 바라볼 수 있는 도구가 되었으면 좋겠다. 영어가 스트레스가 아니라, 세상과 연결되는 통로가 되었으면 좋겠다. 외국 친구와도 스스럼없이 이야기할 수 있고, 좋아하는 영어책을 스스로 골라 읽을 수 있고, 새로운 지식을 영어로 흡수할 수 있는 힘. 이 모든 걸 선물처럼 건네고 싶다. 그래서 다짐했다.

너에게 영어라는 선물을 안겨줄게. 부담 없는, 하지만 힘이 되는 그런 영어를.

1장

소리로 귀를 열다: 듣기 환경 조성기

의미 있는 소리 노출과 맥락 있는 듣기로 영어 귀를 열어주자

소리와 맥락을 결합하라

쭈똑이에게 영어 노출을 시작한 것은 생후 9개월 무렵이었다. 정신없는 육아에 조금씩 적응하며 마음의 여유가 생기자 나는 영어 노출을 자연스럽게 일상에 녹여가기 시작했다. 말은 거창해 보이지만 사실 특별한 건 없었다. 노래와 그림책으로 영어 소리와 리듬에 익숙하게 해주는 것을 목표로 하루에 한두 권 영어책을 읽어주고 노래를 불러주는 것이 전부였기 때문이다. 그러던 어느 날 내가 Brown Bear, Brown Bear, What Do You See? 노래를 부르자 쭈똑이가 갈색 곰이 그려져 있는 그 책을 향해 기어가는 것이 아닌가? 소리, 책, 의미가 하나로 연결되며 아이의 반응으로 이어진 순간이었다. 이 경험은 영어 소리 노출의 힘을 다시금 느끼게 해주는 감동적인 경험이었다.

많은 엄마들이 영어 소리를 들려준다고 하면 '그래, 오늘부터 영어 노래를 매일 틀어주는 거야.'라고 생각하고 무작정 영어 노래나 음원을 틀어놓는 경우를 많이 보았다. 하지만 단순히 영어 소리를 많이 듣는 게 과연 습득에 있어서 효과가 있을까? 맥락과 상황이 없는 소리는 그야말로 아무 의미 없는 소리, 어쩌면 소음이 될 수도 있다. 맥락(context)은 영어 소리가 어떤 의미로 사용되는지를 이해하는 데 필수적이다. 예를 들어, 'milk'라는 단어를 들었을 때, 그 의미를 이해하기 위해서는 실제 우유를 본다거나, 책이나 영상을 통해 우유를 본다거나, 우유를 먹어보는 경험을 하며 소리와 의미가 연결 지어진다. 그렇지 않으면 단순히 'milk'라는 소리를 듣는 것만으로는 그 소리가 어떤 의미를 지니는지 온전히 이해하기 어렵다. 아이에게 "Drink milk."라고 했을 때 엄마가 우유를 가리키고 있고 마시는 시늉을 하면 우유와 엄마의 동작을 보고 '아, 내 앞에 있는 하얀 것은 우유고 이걸 입으로 마시라는 뜻이구나.' 하고 의미를 습득하게 된다는 것이다. 그러니 아무런 맥락 없이 흘러나오는 영어 노래는 들어서 나오는 소리를 따라 할 수는 있어도 그 의미는 알 수가 없다. 언어 습득 과정에서 우리는 소리와 의미를 연결하는 법을 배우는데 이 과정에서 시각적, 감각적, 감정적 경험이 매우 중요하다. 소리만 듣는다면 이러한 연결이 극히 제한적일 수밖에 없어서 나는 그냥 아무 영어 소리나 들려주기는 하지 않았다.

1장 효과 200% 듣기 노출과 음원 활용의 비밀

아이가 문장의 모든 단어와 구조를 이해하지 못해도 전체적인 의미를 이해할 수 있는 수준의 입력을 Comprehensible input(이해 가능한 입력)이라고 한다. Krashen에 따르면, 아이가 이해할 수 있는 입력을 제공받을 때, 즉 현재 수준보다 약간 높은 수준의 언어를 접하게 될 때, 그 언어를 더 효과적으로 받아들일 수 있다고 한다. 이 과정에서 중요한 점은 아이가 그 입력을 어느 정도 이해할 수 있어야 한다는 것이다. 그래야 아이는 영어 듣기를 통해 새로운 단어와 문법 구조를 자연스럽게 익힐 수 있다. 그래서 나는 아이에게 이미 노출한 적이 있던 책의 음원이나, 영상을 통해 맥락과 소리 결합이 있었던 소리를 들려주면 유의미한 듣기가 될 수 있다고 생각해서 다음 세 가지의 음원만 아이에게 노출했다.

1. 그림책의 음원

영어 노출을 시작할 때 어떻게 시작할지 막막하다면 제일 먼저 영어 그림책을 읽어주자. 엄마가 아이에게 한국어 그림책을 읽어주는 것처럼 똑같이 영어 그림책을 읽어주면 되는데 영어책에는 음원이 함께 나오는 책들이 많다. 대표적으로 노부영 시리즈가 있다. 유명한 만큼 음원이 따라 부르기 쉽고 좋다. 나는 쭈똑이가 돌이 좀 지날 무렵 노부영 베이비와 베스트, 스테디베스트 시리즈를 구입했다. 그런데 노부영 베이비라고 해서 결코 내용이 쉽지만은 않았다. 그래서 이 중 글밥이 제일 짧고 단순한 책과 조작북을 먼저 노출해 주었다. 음원 없이 읽어주기도 하고 책을 보며 음원을 들려주기도 했다. 그림책을 충분히 보고 난 후에는 놀이 시간에 여러 번 본 책의 음원을 들려주었는데 그 이유는 아이가 소리를 들었을 때 그림의 이미지가 떠오르면서 소리와 그림이 결합될 수 있기 때문이다. 노부영 시리즈의 음원이 좋아 어릴 때는 주로 이 책들을 읽고 음원을 집안 배경음악처럼 틀어 놓았다.

예를 들어 『Lemons are Not Red』 책에는 여러 가지 사물의 색깔을 소개하며 "Reindeer are brown.(사슴은 갈색이에요.)"과 같은 문장이 나온다. 아이는 이 문장을 들으면서 동시에 reindeer는 사슴, brown은 갈색이라는 것을 그림으로 함께 보게 된다. 소리와 이미지가 결합되는 것이다. 그렇기 때문에 이 책의 음원을 들었을 때 단순히 흘러가는 소리가 아니라 소리를 들음과 동시에 그림이 떠오를 것이고 지속적으로 반복하다 보면 주어+동사+형용사로 이루어진 문장의 문법 구조도 자연히 익히게 된다. 즉, 굳이 아이에게 "reindeer는 영어로 사슴이라는 뜻이야. brown은 갈색이라는 뜻이고."라고 설명하지 않아도 아이들은 언어를 익히는 힘이 있다는 것이다.

이렇게 그림책의 음원들을 반복해서 듣다 보면 엄마도 저절로 외워지는데 꼭 노래를 불러서 활용하자. 그냥 책을 읽는 것 보다 노래를 부르면 아이에게 더 친근하게 다가갈 수 있는 장점이 있다. 엄마가 책을 읽을 때 그림을 보여주고 가리키면서 노래를 불러주면 아이의 흥미를 불러일으키는 데 큰 도움이 되고 아이도 재미있게 노래를 따라 하게 된다.

노부영 시리즈 중 『Five Little Monkeys Jumping on the bed』의 신나는 음원은 나도 쭈똑이도 참 좋아했다. 그래서 이 책을 읽을 때는 항상 노래를 부르며 읽어주었더니 그림책을 넘길 때마다 아이도 같이 노래로 흥얼거렸다. 음원이 있는 그림책을 읽어주고 난 후에는 해당 음원을 자주 들려주자. 노래가 주는 힘이 있기 때문에 아이가 책 속의 문장을 통째로 기억해서 말하기도 한다.

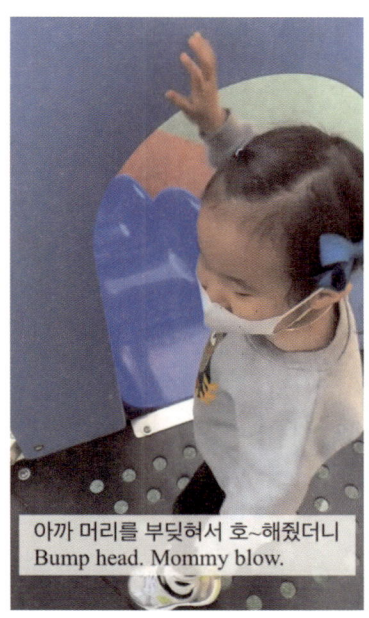

『Five Little Monkeys Jumping on the bed』를 통해 'bump(부딪치다)'를 익혀서 놀이터에서 머리를 부딪혔을 때 "bump head. Mommy blow."라고 말하는 모습.

1장 소리로 귀를 열다: 듣기 환경 조성기

📖 음원과 함께 처음 시작하기에 좋은 노부영 그림책 추천 목록

Baby's
Busy World

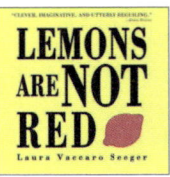
Lemons Are
Not Red

Choo! Choo!

Nighty night,
Little Green Monster

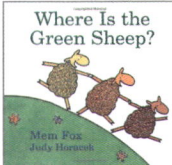
Where is the
Green Sheep?

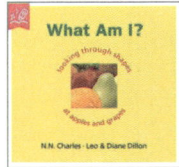
What Am I?

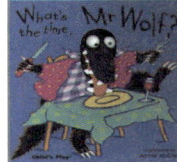
What's the Time,
Mr Wolf?

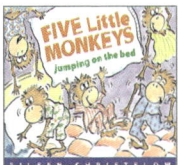
Five Little Monkeys
Jumping on the bed

Who Stole the Cookies
from the cookie jar?

Go Away
Mr Wolf!

The Wheels
on the Bus

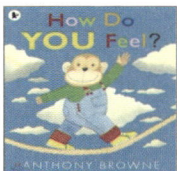
How Do you
Feel?

See You Later,
Alligator!

Whose baby
Am I?

Color zoo

28   아이의 영어 환경은 집에서 시작된다

2. 여러 번 봤던 영상의 음원 또는 최근 본 영상의 음원

음원 노출 중 지금까지도 가장 많이 하고 있는 방법 중 하나가 영상을 화면 없이 소리만 들려주는 방법이다. 보통 아이가 하원하고 혼자 시간을 보낼 때나 목욕할 때 음원을 가장 많이 틀어놓는다. 엄마표 영어 초창기에는 영상 음원도 추출하고 세이펜 스티커도 만들고 소위 말하는 엄가다도 해봤지만, 바쁜 워킹맘에게는 상당히 시간과 에너지가 많이 드는 작업이라 몇 번 하니 다시 엄두가 나지 않았다. 그래서 어떤 방법이 좋을까 생각하다가 태블릿으로 영상을 틀고 화면은 보이지 않는 곳에 둔 다음 소리만 블루투스 스피커로 연결해서 틀어 놓았다. 그런데 이때 영상은 가장 최근에 봤던 영상, 또는 여러 번 봤던 영상의 음원만 틀어놓는다. 이유는 앞서 말했듯이 맥락을 통한 소리와 의미의 유의미한 연결을 위해서다. 아이가 이미 영상을 통해 장면을 봤기 때문에 음원을 통해 대사를 들었을 때 그 장면을 떠올리게 되고 반복 효과가 시너지를 내게 된다.

과연 효과가 있었을까? 실제 쭈똑이가 놀이하다 음원을 통해 대사를 들었을 때 그다음 대사를 따라 한다거나, 자기가 영상에서 본 장면들을 설명하는 일이 자주 있었다. 한번은 목욕할 때 전날 본 영상의 음원을 들려줄 때였다. 이제 그만하고 나오자고 말하니 "잠깐 엄마! 이번 것만 다 듣고. 뒷부분에 재미있는 거 나오거든."이라고 말하는 것이 아닌가. 이것은 아이가 소리를 들었을 때 장면 및 상황적 맥락을 떠올리고 연결 짓는다는 것을 설명해 준다.

나는 주로 유튜브, 넷플릭스, 디즈니 플러스 등을 이용해서 영상을 보여주는 데 장점은 최근에 봤던 에피소드가 기록에 남는다는 것이다. 그래서 일일이 어떤 영상을 어디까지 봤는지 기록하지 않아도 마지막으로 본 에피소드가 나오기 때문에 바로 최근 본 영상의 음원을 틀어줄 수 있다. 이렇게 되면 영상으로 봤던 소리를 계속 반복해서 듣게 되고, 나중에 영상을 봤을 때 전에 놓쳤던 소리도 들리게 되는 경우가 생기게 된다. 의미 있는 반복의 힘인 셈이다.

3. 영어 노래

어릴 때 영어 노출을 하면 좋은 점 중의 하나가 생활 영어 패턴이 가득 담긴 영어 노래를 발달 단계에 맞게 자연스럽게 익힐 수 있다는 점이다. 특히 〈Super simple songs(슈퍼 심플송)〉이나 〈Cocomelon(코코 멜론)〉에 나오는 영어 노래에는 일상생활 속에서 쓸 수 있는 문장들이 그대로 가사에 녹아 들어 있어서 아이와 신나게 노래를 듣고 그 문장을 실생활에 그대로 써주기에도 안성맞춤이다. 노래로 자연스럽게 익힌 문장들은 나중에 자기도 모르게 필요한 상황에서 그대로 입 밖으로 나오기도 한다. 노래를 잘 활용하려면 들려주고 끝이 아니라 생활 속에서 노래를 연결해 주는 일이 필요하다. 재차 강조하지만, 의미 있는 맥락 속에서 영어를 받아들일 때 더 잘 습득되기 때문이다. 실제 나는 다음과 같이 노래를 활용했는데 정말 효과가 좋아서 꼭 추천하고 싶은 방법이다.

효과적인 영어 노래 활용법

실제 활용 장면보기

장난감을 치울 때는?
<Clean up - Super simple songs>

Clean up, clean up. 치우자, 치우자.
Everybody, let's clean up. 모두 함께 치우자.
Clean up, clean up. 치우자, 치우자.
Put your things away. 물건들을 제자리에 갖다 놓자.

매일 이렇게 노래를 부르면서 치우면 저절로 가사가 외워지고 아이에게 따로 해석해 주지 않아도 엄마가 물건을 치우는 모습, 제자리에 가져다 두는 모습 등의 상황을 통해 의미를 습득하게 됩니다. 나중에는 노래로 부르지 않고 아이에게 "Put your things away."라고만 말해도 아이가 바로 알아듣고 치우는 것을 보실 수 있을 거예요.

밥 먹을 때는?

<Yes Yes Vegetables Song - Cocomelon>

Peas, peas, it's time to eat your peas. 콩, 콩, 콩 먹을 시간이야.
Yes, yes, yes, I want to eat my peas. 네, 네, 네, 나는 콩을 먹고 싶어요.
Good, good. The peas are good for you. 좋아, 좋아. 콩은 몸에 좋아.
Yay, yay, yay, I love them, oooh. 네, 네, 네, 나도 콩을 좋아해요.

밥 먹을 때마다 아이들은 야채 골라내기 참 바쁘죠. 저는 콩(peas), 시금치(spinach), 미역(seaweed), 당근(carrot)처럼 아이가 싫어하는 음식을 줄 때 이 노래를 꼭 불러줬어요. 시금치를 가리키면서 Spinach, spinach, it's time to eat your spinach. 라고 노래 부르면 시금치가 영어로 무엇인지도 저절로 알게 된답니다.

집안 사물을 영어로 알려줄 때는?

<I see something blue - Super simple songs>

Blue! 파란색!
I see something blue. 나는 파란색 물건이 보여.
Find something blue! 파란색 물건을 찾아봐!
Yellow, 노란색,

I see something yellow. 나는 노란색 물건이 보여.
Find something yellow! 노란색 물건을 찾아봐!

이렇게 노래를 부르면서 같이 물건을 찾으면 그 물건의 단어까지 함께 영어로 노출해 줄 수 있는 장점이 있어요. 아이가 파란색 색연필을 찾으면 "Blue crayon"(색깔+물건)이라고 말해주는 거예요. 그러면 crayon이라는 단어까지 함께 노출해 줄 수 있는 것이지요. 실제 노래 가사에는 blue, yellow, red, purple까지만 나오지만 아이와 함께 할 때는 얼마든지 색깔을 추가해도 좋아요. 저희집에는 하얀색과 회색, 검정색 물건이 의외로 많아서 집안 사물의 단어를 알려주기 위해 일부러 이 노래를 활용하기도 했어요. 한번은 제가 "White! Find something white!"라고 했더니 쭈똑이가 흰색 공기청정기를 가리켰는데 이때다 싶어서 바로 "White air purifier!"라고 말해 주었지요. 쭈똑이는 air purifier라는 단어를 이 놀이를 통해 습득하게 되었답니다.

노래에 익숙해 졌다면? 가사를 바꿔보세요.
<Rain, rain, go away - Super simple songs>

Rain, rain, go away. 비야, 비야, 그쳐줘.
Come again another day. 다음에 다시 와.
쭈똑 wants to play. 쭈똑이가 놀고 싶어.

Rain, rain, go away. 비야, 비야 그쳐줘.

이런 식으로 노래 가사에 아이의 이름을 넣어보세요. 아이는 노래 속 상황이 자신의 이야기처럼 느껴져 더욱 몰입하고 쉽게 따라 하게 됩니다.

<Do you like broccoli ice cream? - Super simple songs>

Do you like broccoli? 브로콜리 좋아해?
Yes, I do. Yes, I do. 네, 좋아해요.
Do you like ice cream? 아이스크림 좋아해?
Yes, I do. Yes, I do. 네, 좋아해요.
Do you like broccoli ice cream? 브로콜리 아이스크림은?
No, I don't. Yucky! 아니요. 우웩!

지금도 쭈뚝이가 가사를 바꿔 부르면서 즐기는 노래가 있는데 바로 이 노래예요. "Do you like boogers?(코딱지 좋아하니?)"처럼 엉뚱한 단어를 넣고 "Yes, I do!"라고 말하며 먹는 시늉을 해보세요. 아이가 깔깔거리며 좋아할 거예요. 또는 이상한 조합의 음식을 만들어 보세요.

Do you like A?
Yes, I do.

Do you like B?

Yes, I do.

Do you like A B?

(→ 으악~!)

쭈똑이는 Do you like booger juice? 같은 문장을 만들면서 점점 더러운 단어를 넣어서 가사를 바꿔 부르기도 했어요. 아이들이 똥, 코딱지 이런 거 참 좋아할 때가 있잖아요. 취향을 저격한 단어 바꾸기만으로도 아이의 웃음을 유도하며 즐겁게 영어를 경험하게 할 수 있어요. 영어책 『Ketchup on Your Cornflakes?』도 비슷한 내용이라 같이 활용해 보세요.

기타 생활 속에서 활용할 수 있는 노래

- 차 안에서 : Are we there yet - Cocomelon
- 신발 신기, 옷 입을 때 : Put on your shoes - Super simple songs
- 날씨를 물을 때: How's weather? - Super simple songs
- 이 닦을 때: Brush your teeth - Super simple songs
- 목욕할 때: The bath song - Super simple songs
- 세수할 때: This is the way - Super simple songs
- 잠자리에 들 때: If you're sleepy and you know it - Super simple songs

이처럼 생활 속에서 쉽게 적용할 수 있는 노래들을 위주로 상황에 맞게 불러주는 것이 핵심 포인트예요. 먼저 노래 영상을 보여주고 나서 반복해서 노래를 듣고, 같은 상황에서 영어 노래를 불러주면 굳이 의미를 알려주지 않아도 노래와 상황을 통해 의미를 습득할 수 있습니다. 또한 영어 노래를 활용하면 아이가 실제 상황에 맞닥뜨렸을 때 노랫말이 그대로 발화로 이어지는 데 큰 도움이 됩니다. 무작정 들려주기만 하지 말고 이왕이면 생활 속 상황에서 불러주세요. Super simple songs 홈페이지에 들어가면 노래 가사 및 다양한 활동 자료를 무료로 보실 수 있답니다. (https://supersimple.com/)

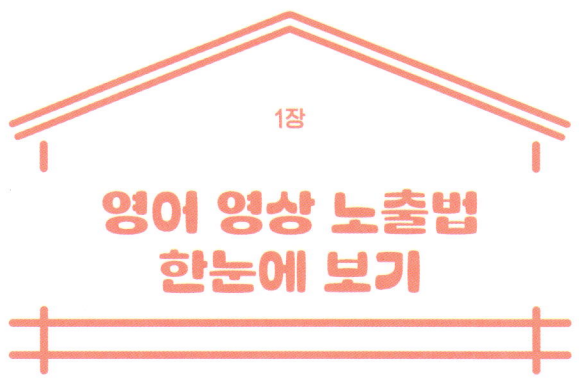

1장
영어 영상 노출법 한눈에 보기

영어 영상이라고 다 효과적인 건 아니다. 아이의 수준보다 너무 어려운 콘텐츠는 영어 귀를 열기 어렵다. 또 너무 산만하거나 정보가 많은 콘텐츠는 집중력을 흐트러뜨린다. 제일 처음 영상을 노출할 때 내 기준은 크게 두 가지였다.

첫째, 일상 속 대화체가 많을 것
둘째, 아이의 생활과 관련된 내용일 것

영상 노출 시기는 부모마다 그 기준이 다 다르겠지만 내 경우에는 쭈쭉이가 두 돌쯤 되었을 때 본격적으로 노출하기 시작했다. 사실 그 전에도 10~15분 정도 국내 유명 전집의 영상을 조금씩 노출하긴 했지만 제대로 영상을 보고 활용한 것은 두 돌이 지나서다. 7세가 된 지금은 하루 평균 1시간 정도 영어 영상을 시청하고 있다.

첫 영어 영상으로 추천하는 콘텐츠는 Super simple songs, Cocomelon 같은 노래 영상이다. 영상이 매우 직관적이고 노래도 따라 부르기 쉬우며 아이의 발달 수준과도 맞기 때문에 큰 거부감 없이 노출할 수 있다. 이 노래 영상에서는 일상생활 속 사물뿐만 아니라 아이의 눈높이에 맞는 단계의 내용들이 나오기 때문에 간단한 단어와 문장들을 쉽게 익힐 수 있다. 반복적인 표현이 많고 장면으로 노래의 뜻을 충분히 담고 있으므로 영상만 봐도 소리와 함께 의미까지 귀에 쏙쏙 꽂힌다.

노래 영상으로 아는 단어가 어느 정도 생기고 영어 소리에 익숙해질 때쯤 생활 속에 나오는 표현이 많이 담긴 영상을 추가로 노출해 주자. 그중 쭈똑이에게 히트를 친 콘텐츠는 〈Peppa Pig(페파피그)〉이다. Peppa Pig를 내가 처음 봤을 때는 컹컹 거리는 돼지 울음소리가 조금은 거슬리기도 했는데 에피소드 하나하나가 너무 알찬 생활영어 표현으로 이루어져 있어서 꼭 보여주고 싶은 마음이 들었다. 그리고 어느덧 아이와 함께 컹컹 거리며 즐기는 내 모습을 발견했다. 비슷한 콘텐츠로 〈Daniel Tiger's Neighborhood(다니엘 타이거)〉, 〈Caillou(까이유)〉도 유명하다. 사실 이 영상들을 먼저 보여주었는데 쭈똑이가 별로 좋아하지 않았다. 왜냐면 쭈똑이는 호랑이를 싫어했고 까이유는 화면이 너무 오래된 느낌인지 반기지 않았기 때문이다. 내 기준엔 참 좋은 표현들이 많은 콘텐츠였는데 아쉬운 순간이었다. 그래서 아이가 좋아할 만한 비슷한 수준의 영상을 여러 개 시도해 보면서 찾아주는 게 제일 중요하다. 좋은 영상이라고 해서 모든 아이들이 좋아하지는 않기 때문이다.

그럼 아이가 좋아하는 영상은 어떻게 알 수 있을까? 쭈똑이가 처음 Peppa Pig를 봤을 때도 여느 영상처럼 큰 관심을 보이지는 않았다. 하지만 한 자리에 앉아서 보지 않아도 꾸준히 노출해 주며 관련 장난감을 사서 관심을 끌었다. Peppa Pig 가족 피규어, 트리하우스를 사서 캐릭터랑 친해지게 해주었고 스티커북도 사서 붙이고 놀다 보니 아이도 캐릭터에 더 관심과 애정이 생기게 되었다. 그러던 어느 날 〈Daddy Loses His Glasses〉 편을 보게 되었는데 Daddy pig가 안경을 벗은 모습에 재밌어 하더니 그 뒤로 영상에 푹 빠지게 되었다. 의외의 장면에서 아이의 웃음 코드와 맞는 부분을 발견할 수 있으니 처음 영상을 보여줄 때는 여러 에피소드를 노출해 주면서 재미를 붙일 수 있게 도와주면 좋다.

Peppa Pig에는 정말 없는 표현이 없다. 아이와 일상 속에서 마주하는 대부분의 순간들이 모든 에피소드에 녹아 있다고 해도 과언이 아니다. 유아기의 아이들이 할 법한 행동과 말이 그대로 전달되기 때문에 웬만한 생활영어가 다 들어 있다. **그래서 영어 영상 노출 초기에는 생활 속에 밀접한 에피소드로 이루어진 영상을 선택하기를 권장한다.** 예를 들어 〈Octonauts(옥토넛)〉이나 〈Paw patrol(퍼피구조대)〉같은 영상에서는 주로 무언가를 구출하거나 찾아내는 것이 주된 소재로 나온다. 그런데 우리가 일상 속에서 누구를 구출할 일은 잘 없다. 이 말인즉슨, 그만큼 아이가 생활 속에서 마주치기 어려운 장면은 발화로 이어질 가능성이 적다는 것이다. 영상 속의 상황을 실제 마주했을 때 아이가 영어로 말하고자 하는 욕구를 일으킬 수 있고 엄마도 꾸준히 활용해 줄 수 있다. 그렇기 때문에 영어 영상의 시작은 일상생활을 소재로 한 영상으로 시작하고 충분히 노출한 뒤 어느 정도 귀가 트이면 아이가 좋아하는 소재의 영상으로 넘어가는 것이 좋다.

영상을 보여줄 때는 모든 에피소드를 한 번에 보여주지 않았다. 소리가 의미로 연결되어 자기 것이 되고 그것이 발화로 이어지려면 수많은 반복이 필요하기 때문이다. 예를 들어 Peppa Pig가 시즌 1부터 10까지 있다고 하면 처음엔 시즌 1을 반복해서 보여주다가 아이가 조금 지겨워할 때쯤 시즌 2로 넘어가서 일부를 보여주고 또 시즌 1과 2를 반복하다가 지겨워할 때쯤 시즌 3을 노출하는 식으로 해서 아이가 반복 시청해서 표현을 자주 들을 수 있도록 했고, 오래 시청할 수 있도록 새로운 에피소드는 아껴 두었다. 어른들이 생각하기에는 지겨워서 새로운걸 보여줘야 할 것 같지만 생각보다 아이들은 재미있는 영상은 반복 시청을 즐긴다. 이다음에는 무슨 내용이 나오는지 알고 엄마한테 알려주기를 즐기고 대사를 맞추기도 한다. 그럴 때 엄마는 "우와! 어떻게 알았어?"라고 반응해 주면 또 이러한 반응을 반가워하며 즐긴다. 이렇게 Peppa Pig를 2년 정도 보았으니 쭈똑이가 얼마나 많은 생활 영어 문장에 반복 노출이 되었을까? 2년이 아니라 사실 지금도 유튜브에 계속해서 새로 나오는 Peppa pig tales를 다 챙겨 보며 얼마 전 태어난 셋째 아기 Evie에 푹 빠져 있다.

Peppa Pig의 전 에피소드를 다 시청한 후 새로운 영상을 통해 재미를 느끼게 해주고 싶어 어떤 영상을 보여줄까 많이 고민했었다. 쭈똑이 같은 경우 자동차를 워낙 좋아해서 Paw patrol을 보여주었는데 확실히 Peppa pig

보다 화면 전환이 빠르고 박진감이 넘쳐 단번에 대박 영상으로 자리 잡게 되었다. 사실 워낙 자동차를 좋아해서 Paw patrol은 보여주면 당연히 좋아할 거라 예상했지만 아껴 두었던 이유는, Peppa pig에서 Paw patrol로 넘어가기는 쉽지만 다시 반대로 돌아가긴 쉽지 않을 거라는 생각에서였다. 생활 속 밀접 표현들은 Peppa pig에 더 많이 나오고 속도도 느리기 때문에 딕션도 더 정확하다. 하지만 이때쯤 아이의 영어 귀도 조금 열리고 발화도 늘어났기 때문에 영어 영상 흥미 유지를 위해 Paw patrol을 보여주기 시작했고, 발달 단계상 아직 Peppa pig를 놓기에는 아쉬움이 있어 병행해서 보여주었다.

아이의 흥미를 기반으로 한 콘텐츠 선택은 영어 영상 노출의 지속성과도 연결된다. 영어 영상 노출을 단순히 많이 보는 것으로 접근하기보다는, 아이의 눈을 붙잡을 만한 소재를 찾아주는 것이 중요하다. 생활영어 영상에 익숙해졌다면 이때는 아이의 관심사에 맞는 영상을 찾아 또다시 흥미를 갖게 해주는 것이 좋다. 아이가 무엇을 좋아하는지 관찰하고, 그것을 활용해 영어 콘텐츠와 연결해 주는 환경을 만들어 주자. 자동차를 좋아하는 아이라면 자동차가 중심이 되는 영상을, 동물을 좋아한다면 동물이 자주 등장하는 영상을 보여주는 식이다. 이렇게 아이의 관심을 존중하고 활용하면, 아이는 영어를 재미있는 시간과 연결 지어 받아들이게 된다. 좋아하는 소재는 아이의 집중력을 높이고, 반복 시청을 이끌어내며, 자연스럽게 영어 표현과 억양에 익숙해지도록 돕는다. 결국, 영어 영상 노출의 핵심은 얼마나 오랫동안이 아니라, 얼마나 즐겁게에 있다. **아이가 즐겁게 반복해서 볼 수 있는 영상을 찾아주는 것이 엄마가 해줄 수 있는 최고의 환경 조성이다.**

유아기에 영어 영상 노출을 시작하면 좋은 점 중의 하나가 발달 수준에 맞는 영상으로 자연스러운 영어 자극을 줄 수 있다는 점에서 매우 효과적이다. 특히 유아 대상 영어 영상은 일상적인 상황과 아이의 관심사를 중심으로 구성되어 있어 아이가 공감하고 흥미를 느끼기 쉬운 콘텐츠가 대부분인데, 이러한 영상을 건너뛰고 디즈니 애니메이션이나 극장용 영화처럼 화려하고 빠른 전개, 복잡한 대사로 구성된 영상으로 영어 노출을 시작하는 것은 추천하지 않는다. 이러한 영상은 시각적으로는 매우 자극적이지만, 문장 속도도 빠르고 대사 간 정보량이 많아 아이가 내용을 이해하기 어렵다. 결국 영어 소리만 흘려듣는 경험으로 끝날 가능성이 높다. 특히 디즈니 영화는 대사의 밀도와 문화적 맥락, 말장난이 많아 유아기 아이들이 이해하기에 부담이 클 수밖에 없다. 아이는 화려한 화면을 재미있게 보기는 하지만, 영어를 듣고 이해하는 인지적 연결 고리가 부족한 상태에서는 언어 습득으로 이어지기 어렵고 그림만 보고 넘어가거나 OST만 따라 부르기 쉽다. 반면 유아를 대상으로 한 영어 영상은 아이의 인지 발달 수준과 언어 수준에 맞춘 적절한 속도와 표현으로 구성되어 있어 아이 스스로 상황을 이해하고, 등장인물의 말과 행동을 따라 하며, 영어를 '내가 이해할 수 있는 소리'로 받아들이는 경험을 만들 수 있다.

▶ **생활영어에 도움이 되는 초기 노출 영상 추천**

종류	제목	특징
애니메이션	Caillou (까이유)	4살 남자아이의 일상 이야기. 느린 전개와 차분한 나레이션이 특징이며 유아기의 일상적인 내용을 다뤄 또래 아이들이 쉽게 공감할 수 있음. 단어와 문장 구조가 쉽고 반복적임.
	Daniel Tiger's Neighborhood (다니엘 타이거)	아이들이 일상에서 마주하는 다양한 감정과 상황을 음악과 이야기로 풀어냄. 정서 교육 + 예의 바른 표현 학습에 최고. 짧은 노래 문장으로 핵심 메시지를 반복해서 기억하기 좋음.
	Peppa Pig (페파피그)	놀이, 가족, 교우관계, 외출 등 아이에게 친숙한 상황들이 주제로 구성되어 활용할 수 있는 생활 영어 표현이 매우 다양. 영국식 억양과 단어들을 배울 수 있음.
	Max & Ruby (맥스 앤 루비)	장난꾸러기 맥스와 누나 루비가 가르치는 일상이 많이 나옴. 생활 영어 표현이 많고, 전체적인 분위기가 차분함.
	Charlie & Mimmo (찰리와 미모)	추피를 좋아한다면 같은 캐릭터 좋아할 가능성이 높음. 가족, 교우관계, 야외활동 등 다양한 상황에서의 표현들이 많이 나옴.
유튜브 채널	Ms Rachel - Toddler Learning Videos	Rachel 선생님이 직접 노래하고 말하며 진행. 입 모양을 또렷하게 보여줘서 아이가 소리와 입 모양을 함께 인지할 수 있음. 아이와 눈높이를 맞추고 직접 이름을 불러주듯 상호작용하는 방식.
	Super Simple Play with Caitie!	Super Simple Songs에서 배운 노래와 캐릭터가 종종 함께 등장하기도 해서 노래 → 놀이로 확장학습이 가능. 마치 아이와 1:1로 이야기하듯이 또박또박하고 천천히 말해서 영어 듣기 연습에 효과적임.
	Steve and Maggie	Steve 선생님의 풍부한 리액션, 반복 학습, 유머가 특징적임. 엉뚱한 상황, 웃긴 리액션이 자주 나오며 단어와 문장을 반복적으로 노출하여 자연스럽게 익히도록 유도함.

> 쭈똑맘의 팁!

아이의 관심사를 활용한 영어 영상 노출

아이마다 좋아하는 것이 다 다르듯이 좋아하는 영상도 다 다릅니다. 어떤 아이는 자동차를 좋아하고, 어떤 아이는 공룡을 좋아하고, 또 어떤 아이는 공주를 좋아합니다. 그래서 내 아이가 좋아하는 영어 영상을 찾아주는 게 제일 중요한데 그걸 제일 잘해줄 수 있는 사람이 바로 엄마입니다. 아이의 관심사는 자주 변하기도 하지만, 현재 가장 좋아하는 것을 파악해 영어 영상과 연결해 주는 것이 효과적입니다.

관심사를 관찰하자

아이가 자주 꺼내 드는 장난감, 놀이에서 반복하는 역할극, 그림책에서 유독 좋아하는 주제들을 잘 관찰해 보세요. 아이의 말과 행동에 관심사를 파악할 힌트가 숨어 있답니다. 쭈똑이는 여자 아이지만 자동차 장난감을 참 좋아했어요. 그래서 Paw patrol도 단연 인기 만점 영상이었답니다. 그런데 아이의 관심사는 계속 변해요. 그 변화에 맞춰서 새로운 영상을 소개해 주세요. 공주와 베이킹에 흥미를 보일 땐 Butterbean's cafe를, 병원놀이를 자주할 때는 Doc Mcstuffins를 보여주었더니 관심을 사로잡았어요. 흥미 기반 노출은 아이가 영어에 지속적인 흥미를 갖도록 해주는 좋은 방법입니다.

'보는 재미'와 '배우는 표현'을 병행하자

Peppa Pig처럼 생활 표현이 풍부한 영상과, Paw Patrol처럼 빠르고 박진감 넘치는 애니메이션을 함께 보여주는 것도 좋은 전략이에요. 한쪽은 흥미를 끌고, 다른 한쪽은 표현력을 채워 주기 때문이죠. 그리고 듣기 실력이 점점 향상되면서 Paw Patrol의 빠른 대사도 점점 더 알아듣게 된답니다.

익숙해지면, '교육용 영상'도 곁들여 보자

어느 정도 영어 귀가 트이고 익숙해졌다면, 이제는 교육적인 요소가 포함된 콘텐츠도 함께 노출해 보세요. 쭈똑이는 평소 과학에 관심이 많아 간단한 과학 개념이나 자연 현상을 다룬 영어 영상도 함께 보여주고 있어요. Peekaboo Kidz, SciShow Kids 같은 유튜브 채널은 과학, 인체, 자연, 생활상식 등 아이들의 호기심을 자극하는 주제를 재미있게 풀어내요. 실제 과학책이나 설명문에 등장하는 어휘와 개념을 자연스럽게 노출할 수 있어 아주 유용하답니다. 이렇게 미리 익숙해진 단어와 개념 덕분에, 나중에 관련 내용에 대한 읽기를 할 때도 훨씬 더 수월하게 이해할 수 있어요.

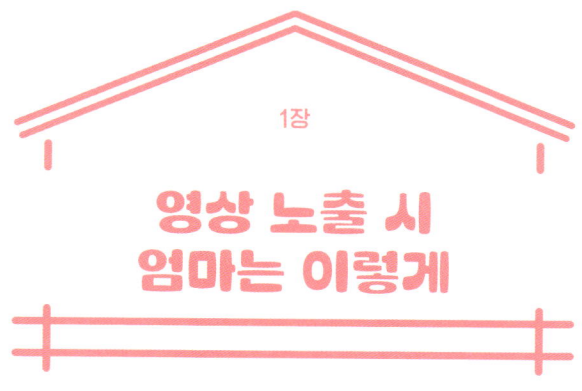

1장
영상 노출 시 엄마는 이렇게

영어 영상을 단순히 보여주기만 해도 안 보는 것보다는 영어 귀가 어느 정도 트이겠지만 엄마의 조미료가 더해지면 훨씬 더 효과를 높일 수 있다. 우선 영어 영상을 틀어줬을 때 처음부터 재밌다고 좋아하는 아이들은 잘 없다. 우리 아이는 영상을 틀어도 다른 놀이를 해요, 앉아서 보지 않고 돌아다녀요. 등등 첫 영상 노출 후 엄마들의 걱정스러운 반응을 많이 접했다. **하지만 영어 영상은 아이에게 집중해서 기억해야 하는 대상이 아닌 편안하고 달콤한 휴식과 같은 존재가 되어야 한다.** 아이들은 당연히 성인이 아니기 때문에 한자리에 앉아서 오랫동안 영상을 보는 게 쉽지 않다. 쭈똑이도 내가 처음 Peppa Pig를 틀었을 때 몇 분 정도 보다가 그리 큰 관심을 보이지 않고 자리를 떴다. 하지만 시청을 강요하지는 않았고 그냥 틀어 놓았다. 아이도 자기 놀이를 하다 오다가다 보게 되고 듣게 되는 순간이 분명히 있다. 그러다가 재밌는 장면이나 자기 웃음 코드와 맞는 순간을 마주할 수도 있다. 그래서 영상 노출 시 안 본다고 바로 끄지 말고 몇 주 동안은 그냥 틀어놓는 것도 좋은 방법 중에 하나다.

그런데 아이가 좋아하기까지 마냥 기다리기에는 너무 답답하지 않나. 그래서 여기에 한 가지 필요한 것이 있다. 바로 '엄마의 아는 척'이다. 영상 속 캐릭터 이름을 말하면서 아는 척하고 장면에 나오는 내용도 언급하면서 아는 척을 하는 것이다. 웃긴 장면이 나올 때는 몇십 배는 오버를 하면서 깔깔거리는 모습을 보여주면 아이가 어느새 엄마 옆에 앉아 영상을 시청하는 모습을 볼 수 있을 것이다. 한 걸음 더 나아가서 영상 속 주인공이 하는 대사를 따라 해볼 수도 있다. Peppa pig에 Mr. Bull이라는 캐릭터가 나오는데 덩치와 목소리가 크고 소리 지르는 말투가 특징이다. 특히 도로를 공사할 때 "Digging up the road!"라고 크게 외치며 일하는 장면이 자주 나오는데 한번은 내가 목소리까지 흉내 내가면서 땅을 파는 척 따라 했더니 아이도 함께 깔깔 웃으며 따라 했다. 그래서 영상을 보여주는 초반에는 꼭 함께 보라고 추천하고 싶다. 그러다 이런 시간이 쌓이면 어느덧 아이에게 영어 영상이 자연스러운 루틴으로 자리 잡아 갈 것이고 영상 보는 시간을 기다릴 것이다.

한번은 이런 질문을 받은 적이 있다. 아이가 영어 영상을 보며 웃기도 하고, 거부하지 않고 잘 본다고 했다. 그런데 정말 이해하고 있는지 궁금해서 얼마나 알아듣는지 확인하며 보여준다는 것이었다. 우선 영어 영상은 아이에게 공부처럼 느껴지면 꾸준히 이어 나갈 수 없다. 그런데 자꾸 엄마가 "무슨 말인지 이해돼?", "저 캐릭터가 뭐라고 말한 거야?"라는 식의 질문을 하면 그때부터 아이에게는 영상을 보는 것도 다 이해해야 할 것만 같은 부담스러운 존재가 되어 버린다. 먼저 아이가 거부하지 않고 잘 본다면 꾸준히 보여주는 것을 추천한다. 아무리 아이라고 할지라도 본인이 전혀 이해가 되지 않고 재미가 없는데 계속해서 보지는 않을 것이기 때문이다. 엄마가 정 궁금하다면 한 번씩

"What happened?", " What was it about?(무슨 일이 일어난 거야?)"
"Who is your favorite character?(어떤 캐릭터가 제일 좋아?)"

등의 질문을 해보며 아이의 반응을 살피는 것도 좋다.

영어 영상을 노출할 때는 한국어 영상은 가급적 보여주지 않는 것이 좋다. 한국어 영상에 자주 노출되다 보면 쉽게 이해되고 재미있는 콘텐츠를 두고 굳이 영어 영상을 보고 싶은 마음이 들지 않기 때문이다. 아이는 본능적으로 더 편하고 익숙한 것을 선택하게 마련이며, 이는 자연스러운 반응이다. 그렇기 때문에 영어 노출 환경을 만들어 주고자 결심했다면 영상은 영어로만 보여주는 환경을 만들어 주자. 그런데 한국어 영상은 본 적이 없고 영어 영상만을 즐겨보던 쭈똑이에게도 위기가 있었다. 바로 유치원 친구들로부터 '티니핑'의 존재를 알게 되고 난 후였다. 우리 집은 엄마가 요금제 신청을 하지 않아서 볼 수 없다는 어설픈 핑계를 대며 위기를 넘겼지만 그 뒤에도 몇 차례 졸랐었다. 하지만 절대 흔들리지 않았고 지금은 그 선택에 매우 만족한다. 왜냐면 아이가 영어 영상에 익숙해지고 즐기게 되면 이

자체만으로도 재밌어서 굳이 한국어 영상을 보고 싶은 마음이 들지 않기 때문이다. 대신 나는 극장에서 티니핑 영화를 보여주고, 티니핑 색칠 공부, 장난감, 스티커, 동화책 등으로 그 열풍에 함께했다.

아무리 좋은 영어 영상이라도 한 번에 오랜 시간 노출되는 것은 발달에 좋지 않다고 생각되어 미디어 노출 시간은 항상 정해두었다. 지금보다 더 어렸을 때는 타이머를 맞추어 두었고 지금은 시간을 정해두고 보고 있다. 그런데 정해진 시간이 되었을 때 멈추면 에피소드 중간에 끊겨버리는 경우가 있다. 이럴 때는 가차 없이 꺼버리기보다는 이번 에피소드까지만 보고 끄기로 약속한다. 어릴 때부터 정해진 시간을 지키는 습관이 들어서 에피소드가 끝나면 스스로 리모컨을 들고 끈다. 영상 노출 시간을 정하는 것만큼은 초기부터 습관으로 자리 잡을 수 있도록 도와주는 것이 필요하다.

나는 아이에게 영어 영상을 보여줄 때 꼭 텔레비전으로 보여준다. 그 이유는 아이 스스로 영상 선택을 조작하지 못하게 하기 위해서다. 태블릿이나 스마트폰은 의도치 않게 다른 영상이 자동 재생되기도 하고, 아이 스스로 조작해서 본래 보여주려던 영상과 전혀 다른 영상에 노출될 가능성도 있다. 하지만 텔레비전은 태블릿보다 아이가 직접 조작하기 어렵고, 원하는 영상만 고정해서 보여줄 수 있다. 아이가 클수록 보고 싶은 영상을 선택하고 싶어 하는 경향이 생기는데 유튜브 같은 경우 내가 만들어 놓은 플레이리스트 안에서, 디즈니 플러스 같은 OTT는 콘텐츠는 내가 먼저 골라놓고(예: Bluey) 그 안에서 어떤 에피소드를 보고 싶은지 고르는 정도만 허용하고 있다. DVD 플레이어도 사용해 봤지만, 매번 DVD를 바꿔 끼고 구매해야 하는 번거로움과 최근 본 영상의 음원 듣기를 하는 것이 어렵다는 점에서 점점 사용하지 않게 되었다. 반면 텔레비전으로 유튜브나 OTT를 활용하면, 영상을 본 뒤 블루투스로 음원만 틀어주는 것도 간편하게 가능하다. 하지만 정해진 규칙은 없다. 엄마가 편한 쪽을 택하면 된다. DVD가 더 편하다면 DVD를 선택하면 되고 텔레비전이 편하면 텔레비전을 선택하면 된다. 그래야 오래 꾸준히 노출해 줄 수 있기 때문이다. 영상을 보여주는 방식 하나에도 환경을 설계하는 엄마의 기준과 고민이 담겨 있다. 그 기준이 단단할수록, 아이의 영어 노출 환경은 더 안전하고 풍부해진다.

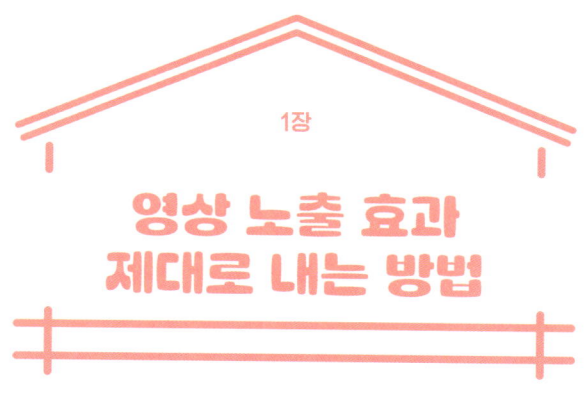

1장 영상 노출 효과 제대로 내는 방법

첫째, 영상의 에피소드가 많은 시리즈를 활용하자.

하나의 캐릭터나 이야기 구조에 익숙해지면, 아이는 점차 이야기를 예측하며 보기 시작한다. 처음에는 단어 하나하나에 집중하며 화면 속 그림과 소리에 반응하던 아이가, 에피소드가 쌓일수록 장면의 흐름과 감정을 자연스럽게 따라가게 된다. 〈Bluey(블루이)〉를 보여줬을 때, 처음에는 단순히 귀여운 강아지들이 나오는 영상이라고 생각하며 웃기만 하더니, 어느 순간부터는 반복되는 장면 속에서 캐릭터의 특징과 행동 패턴을 익히고, 다음 전개를 스스로 예상하며 몰입하는 모습을 보였다. 반복적으로 만나는 캐릭터와 배경, 자주 들리는 표현들은 아이에게 안정감을 주고, 그 안에서 영어에 대한 감각을 키워간다. 또한 에피소드가 많은 영상은 대부분 인기가 많기 때문에, 영상과 연계된 내용의 책뿐만 아니라 스티커북, 컬러링북과 같은 활동지 및 장난감 등을 손쉽게 구할 수 있다는 장점이 있다.

둘째, 영상을 기반으로 한 책을 보여주자.

영상으로 본 장면을 책으로 다시 보면, 아이는 같은 이야기를 두 번, 서로 다른 방식으로 접하게 된다. 이러한 반복은 언어 학습에서 큰 효과를 이끌어내며, 이미 캐릭터에 익숙해진 아이는 그림책도 큰 거부감 없이 받아들일 수 있다. 또한 책에서는 영상보다 더 느린 속도로 내용을 짚어갈 수 있고, 엄마의 속도로 읽어주며 문장 하나하나를 음미할 수 있다. 그리고 이렇게 영상을 기반으로 한 책들은 같은 에피소드끼리 책이 구성되어 있고 영상의 축약본처럼 대사도 거의 같아서 아이가 화면으로 볼 때는 미처 듣지 못한 대사를 책으로는 아이만의 호흡으로 다시 한번 익힐 기회를 제공한다.

나는 Bluey를 비롯해 유명 캐릭터가 나오는 영상들은 모두 책을 병행했다. 먼저 영상이 익숙해지고 내용을 어느 정도 파악했을 때 연계된 책을 같이 읽어주는 것이다. 그러면 영상 속에서 빠르게 지나갔던 문장을 책을 통해 의미를 보다 확실하게 알 수 있다. 특히 책에서는 아이가 그림을 오래 볼 수 있기 때문에, 영상에서는 모르고 지나쳤던 단어도 그림과 함께 정확하게 이해하는 순간이 많았다. 예를 들어, 오두막집 그림을 보며 "아, 이게 cabin이구나."라고 말하며 영상 속 장면을 다시 연결 지은 적도 있었다. 아이는 반복 노출을 통해 어휘와 표현에 익숙해지고, 점차 문장 구조나 어순까지 자연스럽게 체득하게 된다. 이렇게 축적된 감각은 이후 학교 영어 학습의 든든한 밑바탕이 된다.

영상과 책을 함께 연결해 주는 건 생각보다 어렵지 않다. 아이가 Bluey 에서 영상을 하나 봤다면, 같은 에피소드의 책을 찾아 함께 읽는 것으로도 충분하다. "이 장면 기억나?"처럼 가볍게 이야기를 꺼내며 책을 읽어주면 아이는 내용을 다시 떠올리고, 더 깊이 이해하게 된다. 이런 순간들이 쌓이면, 영어는 어느새 아이의 언어가 되어간다. ==영상은 '몰입'의 힘이 있고, 책은 '정착'의 힘이 있기 때문에 이 두 가지가 함께 시너지가 나면 더할 나위 없이 좋다.==

셋째, 영상 속 캐릭터의 피규어나 장난감으로 확장해 주자.

영상 속 캐릭터가 현실의 장난감으로 손에 잡히는 순간, 아이는 그 언어와 감정을 자신의 세계로 끌어오게 된다. 영어는 더 이상 텔레비전 속 이야기의 언어가 아니라, 자신이 가진 장난감과 함께 노는 말이 된다. 놀이와 언어가 연결되면, 아이는 훨씬 더 오랫동안 그 표현을 기억하게 된다.

쭈똑이가 두 돌 무렵이 되자 역할 놀이를 하기 시작했다. 처음에는 같이 맞장구를 쳐주다가 가만 생각해 보니 이왕 하는 거 Peppa pig 놀이를 하면 영어로도 따라 하는 순간이 오지 않을까 하는 생각이 들었다. 그래서 아이가 한참 영상에 빠져들 때쯤 피규어 등 관련 장난감을 사줬더니 무척이나 좋아했고 자연스럽게 영어로 말할 수 있는 장이 마련되었다. 아이들은 장면을 모방하는 데 뛰어난 능력을 보인다. 특히 반복적으로 접한 영상 속 상황은 생생하게 기억하고, 그대로 재현해 내는 경우가 많다. 쭈똑이 역시 영상 속 장면을 그대로 옮기며 표현하기 시작했다. 간단한 영어 문장을 상황에 맞게 구사하며, 단순한 흉내 내기를 넘어 맥락에 맞는 표현 사용으로 자연스럽게 확장시켜 나갔다. 어른에게는 어렵다고 느껴지는 단어도 아이는 소리를 그대로 따라 하기 때문에 큰 어려움 없이 발화로 이어지게 된 것이다. 이때 엄마가 같이 영어로 대화를 해주면 좋지만, 어렵다면 아이의 표현을 놓치지 않고 아이의 말 앞에 Yes를 붙여서 다시 한번 말해준다거나 리액션만 잘 해줘도, 아이는 영어가 실제 의사소통에 쓰인다는 사실을 경험하며 자신감을 얻게 된다. 한 가지 팁이 있다면 앞서 언급한 영상과 연계된 책을 이때 활용하면 참 좋다. 예를 들어, 아이가 병원 놀이를 하기 시작하면 나는 Peppa pig의 『Dentist Trip』 책을 옆에 가져와서 여기에 쓰인 문장을 보면서 따라 해줬다. 아주 간단하게는

"Who's first?(누가 먼저예요?)"

"Open wide, please.(입 크게 벌리세요.)"부터 시작해서

"What shiny teeth you have!(정말 이가 반짝이네요!)"와 같은 병원 놀이 상황에 바로 적용할 수 있는 실용적인 문장들이 책에 속속들이 등장한다. 몇 개의 문장만 함께 말해주어도 아이는 그 표현을 실제 놀이 속에 끌어들여 적극적으로 활용한다. 영상과 책 속 장면이 아이의 상상과 연결되고, 그 상상이 곧 역할 놀이로 이어지는 순간이다. 아이가 보는 영상과 연계된 책은 꼭 구매해서 대사를 생활에서 사용해 볼 것을 추천한다.

엄마가 유창한 영어로 말해야 한다는 부담감은 내려놓자. 실제 내가 공

을 들인 건, 아이가 영어로 말할 수 있는 장면을 만들어 주고, 아이가 시작한 놀이의 흐름을 간단한 영어 표현으로 함께 이어가는 것이었다. 이렇게 장면을 만들어 주는 일이 습관이 되고 생활화되면서, 지금은 내가 영어로 먼저 말하거나 애쓰지 않아도 저절로 이루어지고 있다. 중요한 것은 정확한 영어를 가르치는 것이 아니라, 영어가 자연스럽게 사용되는 상황을 조성하는 데 있다. 언어는 결국 의미를 주고받는 과정에서 살아 움직인다. 아이는 영어가 의사를 표현하는 데 쓰일 수 있다는 사실을 경험할 때, 언어를 사용하는 주체가 된다.

따라서 엄마가 완벽한 영어 선생님이 되기보다, 아이의 놀이를 함께 즐기고, 작은 문장 하나라도 함께 말해주는 영어 환경의 조력자가 되어 주는 것이 훨씬 더 중요하다. 영어를 소통의 언어로 받아들이게 만드는 환경이 마련될 때, 아이는 억압 없이 즐겁게 언어를 받아들이고, 그 안에서 자연스럽게 성장하게 된다.

> 쭈똑맘의 팁!

아웃풋까지 이어지는 영상 노출 전략 3단계

1단계 : 영상은 끝이 아니라 시작

영상을 본 이후에는 그 영상의 음원만 따로 흘려듣기를 해주세요. 앞서 음원 노출 방법에서 언급한 것처럼 태블릿에 블루투스 스피커를 연결해 아이가 자유롭게 놀고 있을 때 배경음처럼 들려주는 거예요. 이미 영상에서 장면과 함께 본 내용이기에, 이때 들려오는 소리는 아이에게 의미 있는 인풋(meaningful input)이 됩니다. 음원 노출은 영상 반복보다 훨씬 부담이 적고, 생활 속에 자연스럽게 녹아들 수 있어요.

2단계 : 같은 이야기, 다른 방식으로 다시 만나기

예를 들어 Peppa pig 중 〈Peppa's Lunch〉 에피소드는 같은 제목의 책으로도 나와 있어요. 이 책은 영상의 축약본으로, 영상 속 표현과 거의 동일한 문장들이 담겨 있으니 책으로도 다시 한번 읽어 보는 거예요. 책을 통해 문장을 느리고 정확하게 되짚을 수 있고, 영상에서 놓쳤던 소리나 의미를 다시 발견하게 되는 경험도 가능해요. 하지만 영상과는 다르게 책은, 글밥이 길다면 아이가 노출 초기에는 페이지를 넘긴다거나 거부할 수도 있어요. 이때는 책에 있는 글밥을 다 읽어야 한다는 부담은 내려놓으시고 한두 문장 정도만 읽고 그림을 살펴보세요. 예를 들어 "Grandpa Pig shows Peppa and George some nice green lettuces."라는 문장을 읽었다면, 그 문장을 바탕으로 그림 속에서 lettuces나 tomatoes를 함께 찾아보는 활동으로 자연스럽게 이어가는 거예요.

"Where's the lettuce?", "Can you find the tomato?"처럼 아이와 그림 속 소재를 함께 찾아보며 대화를 나누다 보면, 아이와의 관찰 → 질문 → 상호작용으로 이어질 수 있어요. 익숙한 영상에서 본 장면을 다시 그림으로 만나고, 표현을 입에 담아보는 과정은 영어 표현을 소리와 의미, 그리고 맥락과 함께 연결해 주는 훌륭한 방법입니다.

3단계: 영상 속 표현을 생활 속으로

실제 활용 장면보기

저는 영상을 보며 마음에 드는 표현이 있으면 따로 적어두었다가 일상에서 자연스럽게 아이에게 말해주었어요. 예를 들어 저녁 시간이 되면, Peppa의 엄마처럼 "Dinner's ready. Tuck in, everyone!(저녁 준비됐어.

다 같이 맛있게 먹자!)" 하고 말해주는 것이지요.

아이는 자신이 본 영상과 같은 상황이 반복되면서 표현을 더 자연스럽게 받아들이게 됩니다. 이런 표현은 구글에서 에피소드 제목+transcript (예:"Peppa Pig Lunch transcript")로 검색하면 대본으로 쉽게 찾아볼 수 있어요. 만약 이것이 번거롭다면 영상과 연계된 책에서 2~3문장만 발췌해서 그대로 사용해도 너무 훌륭합니다.

또한 영상에서 놀이가 나오면 아이와 같이 해보세요. Bluey의 〈Keepy Uppy〉 편을 보고 풍선 떨어뜨리지 않기 놀이를 한다거나, 〈The dump〉 편을 보고 차에서 Car rainbow 게임을 해보는 거예요. 특히 Bluey에는 따라 할 수 있는 놀이들이 많이 나와요. 〈Ragdoll〉 편을 보고 나서 블루이 아빠처럼 몸을 움직이지 않는 척하면서 아이가 끌고 다니도록 해보면 아이는 금세 상황에 몰입해서 놀이에 빠져들고, 그 속에서 자연스럽게 영어 표현도 따라 하게 되죠.

이처럼 영상 속 장면을 그대로 따라 해보는 놀이는 아이의 상상력을 자극할 뿐 아니라, 영어를 몸으로 익히는 데도 큰 도움이 돼요. 아이가 좋아하는 장면이 있다면 반복해서 보며 자신만의 놀이로 확장해 보는 것도 좋아요. 우리 아이의 생활에 맞는 표현 몇 가지라도 골라 일상에서 반복해 보는 것, 그것만으로도 아이는 '영상 속 영어'가 '우리 집 영어'로 이어지는 기쁨을 경험할 수 있거든요. 영상은 보여주는 것만으로는 부족합니다. 영상을 본 뒤에 어떻게 활용하느냐에 따라 아이의 영어 경험이 달라져요. 같은 영상이라도 '틀어두는 것'과 '함께 느끼고 말하는 것'은 분명히 다르기 때문이에요.

영상을 활용한 놀이 대본
: Bluey - Keepy Uppy

1 I've got a game for you. It's Keepy Uppy.

2 To win this game, you have to keep the balloon in the air.

3 The balloon can't touch the ground.

4 You can touch the balloon with your foot, head and any part of your body.

5 If the balloon hits the ground, it's game over!

6 See how long you can keep the balloon up!

1 내가 게임을 하나 가져왔지. 키피 어피 게임이야.

2 이 게임에서 이기려면, 풍선이 계속 떠 있게 해야 돼.

3 풍선이 바닥에 닿으면 안 돼.

4 풍선이 계속 떠 있게 발로 쳐도 되고 머리로 쳐도 되고 몸의 어떤 부분으로 쳐도 돼.

5 만약에 풍선이 바닥에 닿으면 게임은 끝이야!

6 얼마나 풍선을 오래 떠있게 할 수 있는지 보자!

7	Are you ready?	7	준비됐어?
8	Keep your arms up!	8	팔을 위로 올려!
9	Don't let it touch the ground!	9	풍선이 바닥에 닿지 않게 해!
10	I got it.	10	내가 쳤어.
11	It's heading for the fan.	11	선풍기 쪽으로 간다.
12	Chase after that balloon!	12	저 풍선을 따라가!
13	The balloon gently lands on the table.	13	풍선이 식탁에 살포시 떨어졌어.
14	There are too many toys on the ground!	14	바닥에 장난감이 너무 많아!
15	Watch out for obstacles.	15	방해물을 조심해.
16	It was really fun.	16	진짜 재밌었다.
17	You're a Keepy Uppy expert.	17	너 Keepy Uppy 전문가구나.

2장

그림책으로 즐기기
: 영어 감각 확장기

생각과 실력을 함께 키우는 영어 독서 습관

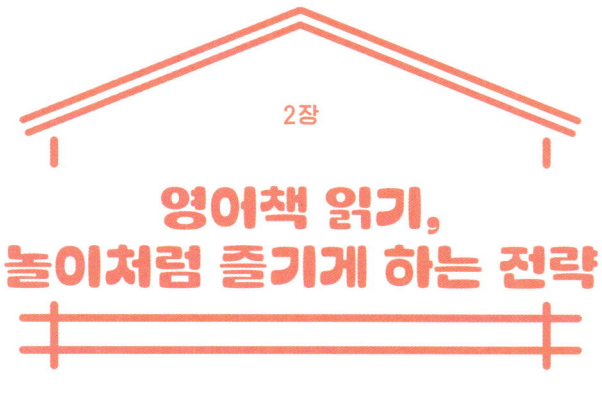

2장
영어책 읽기,
놀이처럼 즐기게 하는 전략

아이에게 영어책을 읽어주려고 하면 부담을 갖는 엄마들이 많다. 제일 큰 걱정은 엄마 발음이 좋지 않다는 것과 아이가 영어가 처음인데 과연 이해할 수 있을 것인가와 같은 걱정이다. 그런데 이런 걱정들 때문에 읽어주지 않는다면 놓치는 것이 더 많다. 엄마와 함께 포근하게 그림책을 넘기며 아이는 영어를 자연스럽게 받아들이고, 그 안에 담긴 감정과 이야기를 통해 마음도 함께 자라난다. 아이에게 처음 한국어책을 읽어줬을 때를 떠올려 보자. '고양이는 야옹야옹, 소는 음매~'와 같은 글밥들을 아마도 진짜 고양이랑 소처럼 흉내 내며 읽어줬을 것이다. 이 과정에서 아이는 '그림 속에 이 동물이 고양이구나, 엄마가 내는 소리는 그림 고양이 소리인가?'라는 생각을 하게 되며 소리와 그림을 연결 지었을 것이다. 그리고 이것이 반복되면 아이의 머릿속에 고양이라는 단어의 소리와 이미지가 함께 저장될 것이다. 영어책도 마찬가지다. 책 속에 있는 갈색곰을 함께 보며 "Brown bear, Brown bear."라고 읽어주면 된다. 엄마가 완벽하게 읽으려고 애쓰지 않아도 괜찮다. 영어 그림책을 함께 읽는 시간은 아이에게 영어를 배우게 하기 위한 시간이 아니라, 영어를 경험하게 하는 시간이다. 눈과 귀로 책 속 이야기를 따라가고, 그림 속 상황을 상상하는 과정을 통해 아이는 영어를 하나의 살아 있는 도구처럼 다룰 기회를 얻게 된다. 이러한 반복과 누적된 경험은 결국 듣기와 이해, 그리고 표현의 기반이 되며, 자연스럽게 언어 습득으로 이어진다.

영어 그림책을 꾸준히 읽어주는 일은 단순한 낭독을 넘어, 아이에게 영어를 듣고 받아들이는 귀를 열어주는 일이다. 책을 통해 반복적으로 노출되는 영어의 말소리는 자연스럽게 음성적 구분 능력을 키우게 하고, 이는 음소 인식 능력의 기초가 된다. 이러한 감각은 결국 소리와 문자의 관계를 이해하는 파닉스로 이어지고, 이후 영어 문해력의 기반을 단단히 다져주는 역할을 한다. 또한 영어 그림책을 읽는 시간은 결국 아이와 눈을 맞추고, 목소리를 나누며 함께 세상을 탐험하는 시간이다. 이해를 완벽하게 하지 못하더라도 오히려 리듬, 라임, 반복되는 소리의 패턴을 통해 아이는 말소리를 즐기고 감각적으로 받아들이며, 그 안에서 언어적 민감성이 자라나게 된다. 아이는 아직 영어를 몰라도 그림과 장면의 흐름만으로도 많은 것을 느끼고 받아들일 수 있다. 이때 엄마가 부담 없이 여유 있는 태도로 함께 책을 즐기면, 아이는 자연스럽게 호기심을 갖고 책 속 세계에 몰입하며 질문도 던진다. 아이가 보고 싶어 하는 책이 글이 조금 많더라도, 처음에는 그림 중심으로 감상하며 책의 일부만 읽어줘도 좋다. 이런 방식은 아이에게 언어 습득의 부담을 주지 않으면서도 책과 영어 모두를 친근하게 느낄 수 있게 해준다.

아이에게 영어 그림책을 읽어줄 때는 내용을 자연스럽게 이해하고 이야기에 몰입할 수 있도록 도와주는 다양한 전략을 함께 활용하면 효과를 높일 수 있다. 가장 기본이 되는 방법은 그림을 함께 보며 중요한 요소들을 손가락으로 짚어주는 포인팅이다. 주로 등장인물이나 사물 등을 짚어주면서 자연스럽게 영어와 시각적 정보를 연결시켜준다. 예를 들어 한국어 책을 읽을 때 '코끼리가 빵을 만들었어요.'라는 문장이 있다면 엄마는 아마 자연스레 코끼리 그림과 빵을 가리키며 문장을 읽어줄 것이다. 또는 한 걸음 더 나아가 빵을 아이에게 먹여주는 시늉을 하며 "냠냠, 맛이 어때?"라고 물어볼 수도 있을 것이다. 그러면 아이는 이 문장 속에서 엄마가 가리킨 코가 긴 동물의 이름은 '코끼리', 냠냠 먹는 음식은 '빵'이라고 자연스레 인지하게 되고 생활 속에서 이 단어와 문장들을 여러 번 반복적으로 만나면서 소리와 의미가 연결된다. 영어책도 마찬가지다. 마치 엄마 입장에서는 해석을 해줘야 아이가 알아들을 것 같지만 그렇지 않다. 한국어책 읽어주듯이 똑같이 읽어주면 된다. 쭈똑이가 색깔 이름을 인지하기 시작했을 무렵에 Sandra Boynton의 『Blue hat, Green hat』을 참 재밌게 봤었는데 단순한 반복 구조와 재치 있는 반전이 포인팅하며 읽기에 아주 적합했다. 이 책은 각 장면에서 캐릭터들이 옷을 입는 모습을 보여주고 마지막에 항상 엉뚱하게 실수하는 칠면조가 등장해 "Oops!"라는 말로 마무리된다. 처음 이 책을 읽어줄 때는 "Blue hat" 하고 파란 모자를 손으로 가리키고 "Red shoes"라

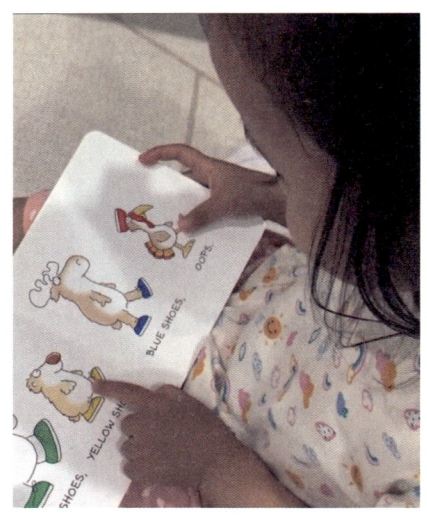
고 하고 빨간 신발을 가리키는 등 매치 되는 사물을 가리키며 읽어 주었다. 아이는 그림을 보며 자연스럽게 단어의 의미를 익히기 시작했고, 칠면조가 모자를 신발처럼 신거나 양말을 손에 끼운 우스꽝스러운 장면에는 "Oops!"라고 따라 하는 데 큰 재미를 느꼈다. 나중에는 책을 스스로 펼쳐서 내가 한 것처럼 사물을 가리키며 읽기도 하고 마지막엔 꼭 "Oops!"를 큰 소리로 외쳤다. 아이는 이렇게 영어책을 읽을 때 웃음을 터뜨리며 영어에 대한 긍정적인 감정을 쌓아갔다.

『Blue Hat, Green Hat』처럼 반복 구조가 뚜렷하고 포인팅하기 좋은 책으로 Leslie Patricelli의 『Yummy Yucky』가 있다. 이 책은 아이가 먹는 것과 관련된 어휘를 익히기 아주 좋은 책인데 표정과 리액션으로 의미 이해를 촉진할 수 있다. "Spaghetti is yummy. Worms are yucky."처럼 짝지어진 단어를 반복적으로 보여주는 구성에 아이가 아주 큰 흥미를 보였는데 "Spaghetti is yummy."라고 말할 때 그림 속 스파게티를 가리키며 맛있게 먹는 척하고, "Worms are yucky!" 할 땐 얼굴을 찡그리고 "Eww~!" 하며 손을 흔들었다. 이러한 리액션에 아이는 크게 웃으며, "Yucky!"라며 흉내 냈다. 실제 식사 시간에도 "Broccoli is yummy!"라고 말해주며 책 내용을 생활 속에서 자주 연결했다. 그랬더니 아이가 책 내용을 떠올리며 "Soap is yucky!"처럼 말하기도 했고, 심지어 자기만의 짝 문장을 만들어 말하기도 했다.

이런 식으로 포인팅, 표정과 같은 리액션 사용에 상호작용까지 더해지면 더할 나위 없는 아주 즐거운 그림책 읽기 시간을 가질 수 있다. Rod Campbell의 『Dear Zoo』는 아이가 동물원에 편지를 보내고, 동물원이 다양한 동물을 보내주는 내용을 담고 있다. 동물마다 상자가 열리기 전에는 어떤 동물인지 알 수 없도록 플랩으로 가려져 있어, 아이의 호기심을 자극한다. 이 책을 읽어줄 때는 먼저 상자를 손으로 톡톡 두드리며 "I wrote to the zoo to send me a pet…"이라고 글밥을 천천히 읽고, "They sent me a…"에서 아이가 직접 플랩을 열도록 유도했다. 처음에는 "An elephant!" 하고 내가 말했지만, 두세 번 반복한 후엔 아이가 플랩을 열자마자 동물 이름을 먼저 말하기 시작했다. 책의 문장을 익히자, 아이는 그다음부터 내가 읽기도 전에 "Too big!", "Too fierce!"라고 먼저 말하기도 했고, 각 동물의 특징을 따라 하며 즐기게 되었다.

이처럼 유아기에 영어 그림책을 읽을 때 아이가 행동하고 말할 수 있도록 기다려 주고, 제스처와 반복 문장을 통해 익히게 해주는 과정이 중요하다. 아이에게 영어책이 놀잇감처럼 느껴질 때 가장 잘 흡수되기 때문이다. 특히 연령이 어릴수록 영어책이 재밌고 친숙해 질 수 있도록 플랩북이나 팝업북, 사운드북 등을 활용해서 놀 수 있게 해주면 좋다.

7세가 된 지금까지도 영어 그림책은 매일 읽어주고 있다. 어쩔 땐 한 권만 읽는 날도 있고 어쩔 땐 다섯 권 이상 읽는 날도 있지만 중요한 건 책의 양이 아니라 한 권이라도 아이가 집중해서 재미있게 읽으면 된다고 생각한다. 지금은 예전처럼 표정이나 리액션을 크게 하지 않아도 아이가 이해하는 부분이 많아졌지만 그래도 여전히 그림을 포인팅 하거나 목소리 톤의 변화를 주는 읽기 전략은 계속해서 사용하고 있다. 엄마가 모든 책을 이렇게 읽어주기란 사실 쉽지 않은 일이지만 한 권 정도라도 미리 한번 읽어보고 모르는 단어도 찾아보며 연습해 보는 것도 좋다. 아이에게 영어 환경을 만들어 주려면 엄마도 영어랑 친해질 필요가 있기 때문이다. 어릴 때 영어책 읽는 습관을 들여두는 건 정말 중요하다. 영어는 한번 멈추면 실력이 쉽게 떨어질 수 있기 때문에, 처음부터 부담 없이 꾸준히 노출되는 게 가장 좋다. 그래서 영어책은 공부가 아니라 재미있게 읽는 책이라는 느낌으로 다가가야 한다. 읽기 실력을 **빠르게 올리려는 욕심보다는**, 아이가 '영어책, 재밌네.' 하고 느끼는 **경험을 많이 만들어 주는 게 훨씬** 중요하다. 그런 경험이 쌓이면 아이는 **스스로** 또 책을 펼치고, 영어와 점점 더 친해지게 될 것이다.

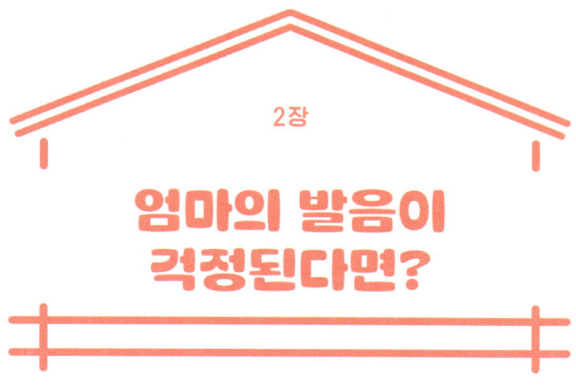

2장
엄마의 발음이 걱정된다면?

 많은 엄마들이 영어 그림책을 읽어줄 때 발음을 걱정한다. '내 발음이 정확하지 않으면 아이가 잘못 배울까 봐 걱정된다.'라는 생각에 책 읽기를 망설이기도 한다. 하지만 영어책을 읽어주는 시간은 완벽한 발음을 가르쳐 주는 수업이 아니라, 영어를 정서적으로 자연스럽게 노출 시키는 시간이라는 점을 기억해야 한다. 아이의 언어 습득은 반복적인 노출과 안정적인 관계 속에서 이루어진다.

 아이에게 그림책을 읽어줄 때는 아이와 나, 온전히 둘만의 시간을 갖는다. 누구 하나 엄마의 영어책 읽기를 평가하는 사람이 없다. 영어책을 읽어줌으로써 내가 아이에게 영어를 가르치고 있다는 생각을 버리고 영어에 대해 긍정적인 마음을 갖게 해준다는 생각으로 읽어주면 어떨까? 엄마가 아이에게 억지로 따라 하게 시키지 않는 이상 아이는 엄마의 발음을 그대로 따라 하지 않는다. 아이들은 넘치는 원어민의 음성 속에서 영어가 노출되며 언어 자극을 받고 있기 때문에 걱정하지 않아도 된다고 말하고 싶다. 오히려 엄마가 꾸준히 책을 읽어주는 모습을 통해, 아이는 영어에 대한 긍정적인 태도를 형성한다. 엄마가 영어책을 즐겁게 읽어주는 경험 자체가 아이에게는 '영어는 재미있고 친숙한 것'이라는 인식을 만들어 낼 수 있기 때문이다. 그러니 편하게 생각하고 읽어주기를 바란다. 나도 원어민이 아니라 완벽한 발음을 구사하지 못하고 쭈똑이 아빠도 마찬가지지만 아이에게 읽어주는 그림책은 늘 최선을 다해 읽어준다. 쭈똑이는 그 안에서 아빠의 발음을 듣고 배우는 게 아니라 함께 책 속의 스토리를 즐긴다. 엄마와는 또 다른 교감을 영어책이라는 매개물을 통해 아빠와 느낀다. 가끔 아빠의 발음이 틀리면 그것마저 아이에게는 재미있는 요소가 된다. 아빠에게 발음을 가르쳐 주기도 하고 아빠도 함께 따라 하며 알콩달콩 둘만의 시간을 갖는다. 영어 발음보다 더 중요한 건 아이와 함께 좋은 책을 읽고 책 읽는 시간을 자주 갖는 것이다. 그러므로 영어책을 읽을 때는 발음보다는 꾸준함과 즐거운 분위기를 유지하는 데 초점을 맞추자.

아이에게 책을 읽어주는 행위는 단순히 지식 전달이 아니다. 완벽한 발음보다 중요한 건, 아이가 영어책을 통해 엄마와 교감하는 순간을 쌓는 일이다. 완벽하게 해야 한다는 압박 속에서 영어를 시작한 아이들은 어느 순간부터 영어에 대한 긴장감을 갖는다. 그런 아이들에게 가장 필요한 것은, 영어를 있는 그대로 받아들이고 실수해도 괜찮다고 느끼는 안전한 환경이다. 그리고 그 환경은, 엄마가 즐겁게 책을 읽어주는 그 순간부터 만들어진다. 책을 읽으며 과장된 억양으로 소리를 내고, 몸을 흔들며 리듬을 타고,

아이와 웃는 그 시간. 그 속에서 아이는 '영어는 재밌는 거구나.', '엄마랑 같이해서 즐거운 거구나.'를 배운다.

영어는 더 이상 미국식이나 영국식 발음만을 기준으로 삼는 시대가 아니다. 전 세계 사람들이 서로 다른 억양과 발음 속에서도 영어로 자연스럽게 의사소통하고 있다. 한국인과 중국인, 일본인과 독일인이 영어로 대화하는 모습을 떠올려 보면 알 수 있다. 이처럼 영어는 지금 특정 문화권에 속한 사람들이 완벽하게 구사하는 정답 있는 언어가 아니라, 전 세계인이 서로 소통하기 위해 사용하는 '링구아 프랑카(Lingua franca)'로서의 역할을 하고 있다. 이런 관점에서 볼 때, 영어를 배우는 우리 아이들에게 가장 필요한 건 원어민처럼 정확한 발음이 아니라, 의미를 전달하고 주고받는 경험이다. 실제로 언어학계에서는 영어가 각 지역의 문화와 언어 환경에 맞게 다양하게 변형되며 사용되고 있다는 사실을 말해주고 있다. 인도 영어, 싱가포르 영어, 필리핀 영어처럼 각기 다른 억양과 표현이 영어 안에서 살아 숨 쉬고 있다면, 한국 엄마의 영어 발음도 충분히 괜찮은 영어다.

그래서 나는 엄마들에게 이렇게 말하고 싶다. **엄마의 발음은 괜찮다. 아니, 어쩌면 지금 그 엄마의 목소리가 아이에게는 가장 따뜻한 영어일지도 모른다. 그 속에는 엄마의 진심과 온기가 담겨 있으니까.** 부족한 발음을 걱정하기보다, 아이와의 이 소중한 순간을 놓치지 않기를 바란다. 영어책을 읽는 엄마의 용기는, 아이에게 영어 그 이상을 건네주는 일이기 때문이다.

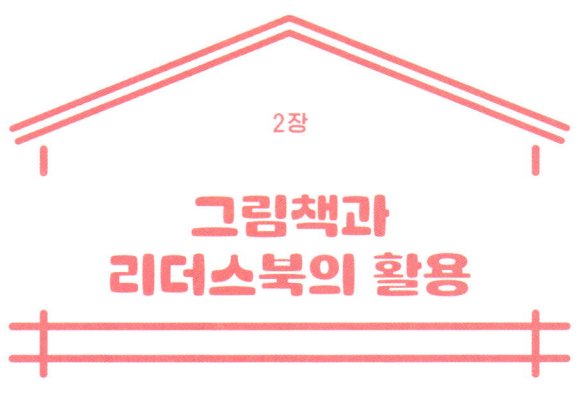

2장
그림책과
리더스북의 활용

    영어책은 어떤 책으로 시작해야 할지 많은 엄마들이 고민한다. 아이가 아직 영어를 잘 못한다고 해서, 가장 쉬운 문장이 반복되는 책만 읽혀야 한다고 생각하기 쉽다. 그러나 지나치게 간결하고 반복적인 문장만 담긴 책은 금세 지루해지기 쉽고, 의미 유추력이나 문맥 이해 능력을 기르기에도 부족하다.

    그림책은 단순히 영어를 익히는 도구를 넘어, 이야기와 그림을 통해 영어를 맥락 속에서 익히는 데에 탁월한 역할을 한다. 아이들은 처음 듣는 단어라도 이야기를 따라가며, 그림 속 힌트를 통해 단어의 의미를 추측하고, 반복되는 장면 속에서 자연스럽게 표현을 습득해 간다. 이것이 바로 '문맥 속 추론 능력'이다. 이 능력은 향후 독해력, 나아가 문해력의 기초를 형성하는 핵심 역량 중 하나이며, 학습용 리더스북보다는 문학적인 그림책 속에서 훨씬 자연스럽고 깊이 있게 기를 수 있다. 나 역시 영어책 읽어주기의 시작은 그림책이었다. Eric Carle의 Bear시리즈처럼 시선을 끄는 색감과 반복적인 문장이 담긴 책을 시작으로, 아이가 좋아하는 주제의 이야기를 함께 읽으며 영어책 읽기의 즐거움을 느꼈다. 아이가 한글책 수준이 조금 올라온 후에는 영어 그림책도 점차 글밥이 많고 스토리 라인이 있는 책으로 업그레이드했고, 이때부터는 리더스북도 함께 섞어서 읽기 시작했다.

I can read, ORT(옥스퍼드 리딩 트리) 시리즈 등과 같은 리더스북은 단어 수가 제한되어 있고 문장이 짧지만, 오히려 이런 문장들이 직관적이고 분명하기 때문에 이해에 도움이 되는 경우도 많다. 리더스북은 글의 구조나 어휘 사용이 제한적이고 체계적으로 구성되어 있어 반복 읽기를 통해 영어 읽기에 자신감을 키우는 데도 큰 도움이 된다.

나는 그림책과 리더스북을 8:2의 비율로 병행하며 읽어주었는데 짧은 문장으로 이루어진 리더스북(ORT 1~3단계, Pete the Cat, Biscuit 시리즈 등)은 아이의 이해를 돕고 발화로 이어지는 데에도 도움이 되었다. 그리고 아이의 읽기 연습이 시작된 후부터는 리더스북을 읽기 연습용으로도 같이 활용하고 있다. 결국 핵심은, 문학적인 그림책을 통해 문해력과 언어 감각을 기르고, 그 기초 위에 리더스북을 통해 체계적 학습 효과를 더하는 방식이 자연스럽고 효과적이라는 점이다. 특히 리더스북을 그림책처럼 자연스럽게 읽어주었던 덕분에 아이가 문자 읽기를 시작할 때는 이미 그 내용과 문장들이 친숙해져 있었고, 낯설지 않아 거부감 없이 리더스북 읽기를 받아들였다. 많이 듣고 보았던 내용이라 스스로 읽어 내려가는 과정도 훨씬 수월하고 자신감 있게 이어질 수 있었던 것이다.

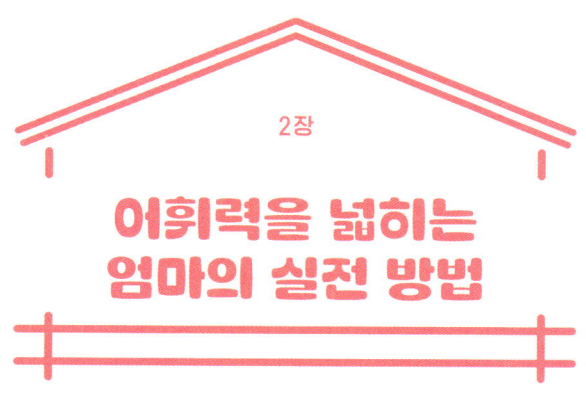

2장
어휘력을 넓히는 엄마의 실전 방법

실제 활용 장면보기

　아이들은 어른이 생각하는 것보다 훨씬 뛰어난 문맥 파악 능력을 지니고 있다. 그림책을 읽을 때 아이는 그림, 문장 흐름, 등장인물의 행동을 종합하여 낯선 단어의 의미를 자연스럽게 추측한다. 하지만 엄마는 종종 불안감을 느낀다. '얘가 과연 이 단어를 알까?' 이런 마음에 한국어로 뜻을 알려주려는 충동을 느낀다. 그러나 그 순간 책 읽기의 자연스러운 흐름은 끊기고, 영어책은 재미있는 이야기가 아니라 공부의 대상이 되어 버린다. 이는 장기적으로 '모호함 수용 능력(Ambiguity Tolerance)'에 영향을 미친다. 모호함 수용 능력이란, 읽거나 듣는 과정에서 완전히 이해되지 않는 부분이 있어도 이를 견디고 전체 의미를 파악하는 능력을 말한다. 이 능력이 충분히 길러지지 않으면, 아이는 모르는 단어를 만날 때마다 문맥을 통해 유추하는 대신 멈춰 서서 일일이 한국어 뜻을 찾으려는 경향을 보인다. 결과적으로 이해 속도와 몰입도가 떨어진다. 따라서 영어책을 읽을 때 모르는 단어가 나오더라도 한국어로 알려주지 말고, 아이가 스스로 그림과 문맥을 통해 의미를 짐작하고 이야기에 몰입하는 경험을 쌓도록 돕는 것이 바람직하다. 이 과정에서 아이는 단어의 의미를 단순히 외우는 것이 아니라, 감각적으로 느끼는 힘을 기른다. 이렇게 느끼는 힘을 많이 기른 아이들은 중고등학생이 되어서 독해 문제를 풀 때도 그 효과를 발휘할 수 있다.

영어책을 읽을 때마다 모르는 단어를 한국어로 정확히 알고 넘어가는 방식에 익숙해진 경우, 중고등학생이 되어서도 모르는 단어가 나오면 문맥보다 사전에 의존하게 된다. 이러한 경우 문장의 흐름이 끊기고, 지문의 전체적인 이해도 떨어지며, 무엇보다 글을 읽다가 자꾸 막히니 독해에 자신감을 갖기 어렵다. 사실상 지문에 나오는 모든 단어를 알고 문제를 풀기에는 어렵기 때문에 이보다 문맥 속에서 의미를 읽어내는 능력을 기르는 것이 훨씬 중요하다. 어릴 때부터 그림책 속에서 단어를 느끼는 경험을 충분히 해본 아이는, 문맥을 통해 의미를 유추하며 단어의 뉘앙스를 감으로 잡아낸다.

쭈똑이와 『The stray dog』를 읽었을 때였다. 책 제목에 나온 'stray'라는 단어는 아이에게 낯선 단어였지만 책을 읽어나가며 그림과 인물들의 대사를 통해 스스로 뜻을 짐작해 나갔다. 이야기 속 강아지는 주인이 있는 강아지가 아니라 혼자 돌아다니는 강아지인 것을 알아채자 'stray dog'는 유기견이란 것을 눈치챈 것이다. 주인공 가족이 강아지를 데려가려 하자 관리인이 와서 "That dog is a stray."라고 말하는 장면에서는 이미 아이가 그 단어의 의미를 이해하고 있다는 게 느껴졌다.

이처럼 아이들은 그림책 속 인물의 표정과 행동, 장면의 흐름, 반복되는 대사 등을 바탕으로 단어의 뜻을 추론하고 느끼는 능력을 갖추고 있다. 바로 그 과정에서 아이는 맥락 속 살아 있는 단어의 의미를 배우게 된다. 엄마는 아이가 책을 읽으며 낯선 단어를 만나는 순간조차 성장의 한 과정으로 받아들였으면 좋겠다. 조급하게 뜻을 설명하지 않고 기다려 주는 것 또한 언어 감각을 키우는 따뜻하고도 효과적인 방법이 될 수 있을 것이다.

아이의 어휘 확장을 위해 내가 자주 활용하는 전략 중 하나는 **모르는 단어와 이미 알고 있는 단어를 연결해 주는 것**이다. 특히 아이가 맥락 속에서 단어의 의미를 스스로 유추하기 어려워할 때, 유의어를 함께 제시해 주는 방식이 효과적이다. 예를 들어, 아이와 『Pig the Pug』책을 읽던 중 "Pig flipped his wig."라는 문장을 만났을 때였다. 화가 난 감정을 비유적으로 표현한 문장인데, 아직 비유 표현에 익숙하지 않은 아이에게는 다소 낯설수 있다. 그래서 나는 이 문장을 읽은 직후, "Pig was very angry."라고 바로 뒤에 덧붙여 말해주었다. 아이는 이미 angry라는 단어를 알고 있었기 때문에, flipped his wig라는 표현이 '몹시 화가 났다.'라는 뜻이라는 걸 자연스럽게 받아들일 수 있었다. 이런 식으로 **익숙한 단어를 발판 삼아 새로운 표현을 받아들이면 단어 하나하나를 따로 외우는 것이 아니라, 비슷한 의미의 어휘들을 머릿속에 네트워크처럼 연결하는 어휘 확장의 기초가 된다.**

조금 더 쉬운 예로, 그림책을 읽다 보면 'enormous(거대한)'라는 단어가 자주 등장한다. 만약 "This is enormous."라는 문장이 있다면 "This is enormous + very big."이라고 말해줘 보자. 아이는 직감적으로 이 두 표현이 비슷한 의미가 있다는 것을 파악한다. 정확하게 같은 뜻은 아니지만 이렇게 비슷한 의미를 지닌 유의어로 어휘 폭을 넓히면 이미 알고 있는 'very big'에 자연스럽게 'enormous'가 아이의 머릿속에 더해진다. 비슷한 예로 영상을 보다가 재미있는 장면이 나와서 쭈똑이가 깔깔거리며 웃을 때 "It's funny + It's hilarious."라고 의도적으로 여러 번 말했던 적이 있다. 그랬더니 어느 날 아이가 정확한 상황에서 hilarious라는 단어를 사용해서 말했다. 아이가 들었을 때 hilarious라는 단어가 낯설지라도 funny와 비슷한 뜻이겠거니 라는 직감을 가지고 어휘를 확장해 나가는 것이다.

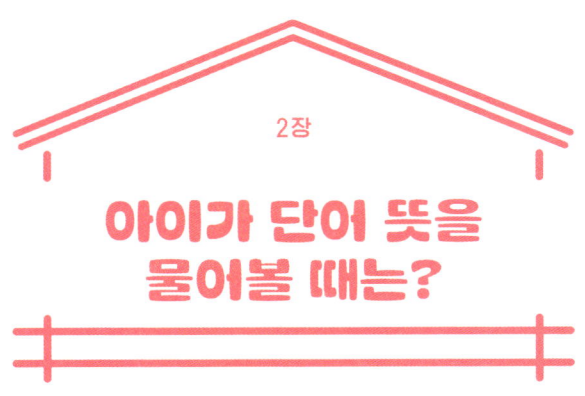

2장
아이가 단어 뜻을 물어볼 때는?

실제 활용 장면보기

　단어 뜻을 알려주지 않고 자연스럽게 읽어 내려가다가도 아이와 영어책을 읽다 보면, 어느 순간 아이가 "이게 무슨 뜻이야?" 하고 묻는 순간이 찾아온다. 그런 질문을 받을 때마다 고민하게 된다. 바로 설명해 줘야 할까, 아니면 기다려야 할까? 나는 한두 번쯤은 한국어로 뜻을 말해주는 것도 괜찮다고 생각한다. 단어의 뜻을 알려주지 말자는 방식이 중요한 건 맞지만, 그건 아이가 물어보기도 전에 일일이 알려주는 경우가 문제가 되는 것이고, 특히 아이가 연령이 높아질수록 직접적인 대답을 원하는데 그럴 때는 대답해 줘도 괜찮다. **중요한 건 아이가 책을 읽으며 이야기 속에서 자연스럽게 의미를 파악하는 경험을 얼마나 자주 하느냐이지, 한두 번의 번역이 있느냐 없느냐는 아니다.** 다만, 단어의 의미를 묻는 그 순간을 질문과 대화의 기회로 바꿔볼 수 있다.

　실제로 내가 아이와 함께 읽은 『Peppa Goes to Seoul』에는 김밥을 만드는 장면이 나온다. 이때 등장하는 단어가 바로 'ingredients(재료)'이다. 다소 어려워 보일 수 있는 수능 필수 단어지만 생활 속에서 아주 자주 쓰이는 단어이기 때문에, 이 기회를 활용하면 훨씬 자연스럽게 익힐 수 있다. 책에 나온 'The ingredients look so colorful.'이라는 문장을 읽고 아이가 "엄마 ingredients가 뭐야?"라고 물었다면 뒤에 나오는 문맥인 so colorful을 활용해 보는 것이다. 그림 속에 있는 알록달록한 색깔들의 재료들을 가리키며,

"Wow, these are so colorful.(와, 이것들 참 알록달록하네.)"

"These are the ingredients for making kimbap.(이것들이 김밥 만드는 재료야.)"

이라고 말해주면 더 이상 ingredients라는 단어가 낯설지 않게 다가올 것이다. 그 뒤로 아이와 소꿉놀이할 때도, 진짜로 요리할 때도

"What ingredients do we need?(우리 어떤 재료가 필요할까?)"

"What ingredients do we have in the fridge?(냉장고에 어떤 재료가 있지?)"

와 같은 표현을 반복하며 생활 속에서 연결해 준다면 아이가 자연스럽게 자기 말로 쓸 수 있게 된다.

하지만 대부분의 엄마들이 영어 문장이 바로 떠오르지 않아 질문하기 어렵다고 느낄 수 있다. 나도 매번 영어로 질문하는 건 아니다. 어쩔 땐 한국어 뜻을 스르륵 알려주고 넘어갈 때도 많다. 하지만 되도록 단어 뜻을 유추하도록 한국어 질문으로 아이의 생각을 유도하는 편이다. 예를 들어 좀 전에 ingredients의 뜻을 물어본 상황 같은 경우

"그림 봐봐. 이 알록달록한 것들은 뭐 하는 데 쓰는 걸까?"

"김밥 만들 때 무엇무엇이 필요했지? 그거랑 관련 있는 말 아닐까?" 이런 질문들을 던지며 단어를 둘러싼 맥락을 스스로 다시 살펴보게 도와준다. 이런 질문은 아이가 스스로 문맥과 그림을 다시 보게 하고 생각해 보게 해준다. 또한 이렇게 뜻을 느껴보는 경험이 쌓이면 단어가 훨씬 깊게 기억에 남게 된다.

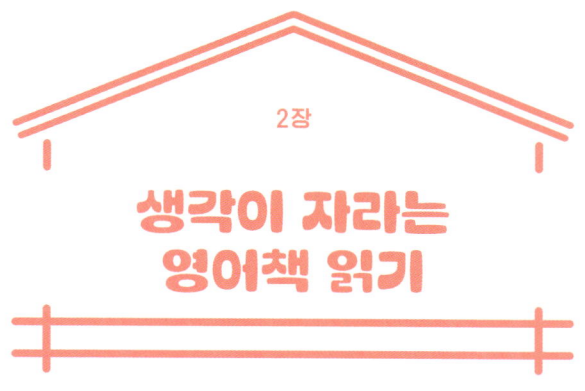

2장
생각이 자라는 영어책 읽기

    수업 시간에 학생들과 함께 영어 그림책을 읽고 활동하며 느낀 점은, 그림 하나에 아이들마다 떠올리는 생각이 다 다르다는 것이었다. 책을 읽고 저마다 다르게 생각하고 표현해 보는 경험 그 자체가 큰 의미가 있다고 생각해서 나는 아이에게 영어를 노출할 때 그림책을 아주 소중한 도구로 여긴다. 영어 그림책은 영어 실력만 키워주는 게 아니다. 그림 하나, 표현 하나가 아이 마음을 톡톡 두드리며 감성을 자극하고, 상상의 나래를 활짝 펼치게 해준다. 어른은 미처 발견하지 못하고 지나가는 작은 그림의 디테일도 아이들은 발견하여 자기만의 이야기로 풀어내곤 한다. 『Officer Buckle and Gloria』를 쭈똑이와 함께 읽을 때도 그랬다. 나는 보지 못하고 지나쳤던 장면인데, 쭈똑이는 Officer의 완장에 그려진 바나나 금지 표시를 보며 깔깔 웃더니 "왜 바나나는 안 되는 거야?" 하고 물어보는 거다. 정작 글씨만 읽던 나는 미처 알아보지 못한 그림이었다. 그 작은 그림 하나로 우리는 상상의 나래를 펼치며 한참을 웃고 이야기꽃을 피웠다. 아이는 그림 하나에서도 이야기를 발견하고, 상상을 더해 나만의 이야기 세계를 풀어 간다. 한글 그림책을 읽으며 아이와 그림도 읽고 생각을 주고받는 것처럼 영어 그림책도 마찬가지이다. 꼭 영어로 이야기를 나누지 않더라도 엄마와 대화하며 책을 함께 느끼면 아이가 책을 읽고 생각하는 힘이 길러진다. 그리고 영어책에 대한 거부감도 줄어든다.

ORT 책을 보면 앞, 뒤 겉표지에 있는 Before reading, After reading란에 책 내용과 관련해서 이야기를 나눠볼 수 있는 질문들이 수록되어 있다. 나는 여기 나오는 질문들은 꼭 활용해서 물어본다. 표지의 질문을 읽고 있지만 마치 내가 물어보는 것처럼 자연스럽게 커닝하면서 말이다. 가끔은 아이가 영어 질문을 이해하지 못할 때도 있고 대답을 한국어로 할 때도 있지만 크게 개의치 않는다. 엄마가 질문하는 주된 목적은 영어 말하기 테스트가 아닌 책을 매개로 한 소통이기 때문이다. 그림책을 읽을 때 자주 쓰이는 다음과 같은 질문 몇 가지를 엄마가 기억해 두었다가 종종 활용해도 좋다.

읽기 전(Before Reading)
책을 펼치기 전, 아이의 호기심과 배경지식을 끌어올린다.

- What do you think this book is about?
  이 책은 어떤 이야기일 것 같아?
- Look at the cover. Who do you see?
  표지에 누가 보여?

· What do you think will happen in the story?

  어떤 일이 생길 것 같아?

읽기 중(While Reading)

아이가 내용을 따라가고, 추측하고, 감정을 이입할 수 있도록 돕는다.

· What is he/she doing?

  얘는 뭐 하고 있어?

· Where is he/she?

  얘는 어디에 있는거야?

· What do you think will happen next?

  다음엔 무슨 일이 일어날까?

· How do you think the character feels now?

  지금 이 등장인물 기분이 어때 보이니?

읽기 후(After Reading)

이야기 전체를 되짚으며 아이의 생각을 확장해 준다.

· What was your favorite part? Why?

  가장 좋았던 부분은 어디야? 왜?

· Was it scary/funny/sad?

  무서웠어/재밌었어/슬펐어?

· If you were ○○, what would you do?

  네가 ○○이라면, 어떻게 하고 싶어?

아이 스스로 글을 읽고 내용을 파악하는 힘, 바로 이 문해력은 학교에서 배우는 다양한 과목의 내용을 효과적으로 받아들이고 소화하는 데 꼭 필요한 학습의 바탕이 된다. 중고등학생이 되면 영어 수업은 문법과 독해가 더욱 강화되면서 텍스트 기반의 수업이 이루어진다. 그래서 영어책 읽기는 가능한 어릴 때부터 습관으로 들여놓는 것이 좋다. 글을 읽고 내용을 이해하기 위해서는 문법과 읽기 전략도 중요하긴 하지만 어릴 때부터 영어책 읽기가 습관화된 경우 교과서 수준의 지문은 큰 어려움 없이 읽을 수 있기 때문이다. 한 학생이 이렇게 말한 적이 있다. "선생님, 저희 엄마가 그러는데 제가 영어 유치원 다닐 때는 영어로 말도 잘하고 책도 읽고 그랬대요. 지금은 다 까먹었지만요." 그래서 내가 다시 물었다. "초등학교 때는 영어책 안 읽었어?" 그랬더니 학생의 대답은 이랬다. "네, 책은 안 읽었고 학원 숙제랑 문제집은 풀었는데 어릴 때처럼 영어를 잘하지 못하는 것 같아요." 그렇다. 영어는 중간에 멈추면 금방 감이 떨어지는 과목이다. 그래서 나는 영어는 장기전이라고 늘 말한다. 유아기부터 입시까지, 아니 어쩌면 성인이 되어서도 함께 해야 할 존재가 바로 영어다. 그러므로 영어 감을 잃지 않고 꾸준히 유지하려면 영어책 읽기가 생활 속에 녹아들어야 한다. 하루하루 짧은 시간이라도 영어책을 접하는 경험이 쌓이면, 그것은 단순한 습관을 넘어서 실력의 기반이 된다.

특히 그림책부터 시작해 점차 글밥이 많은 책으로 넘어가는 과정은 읽기의 양과 질을 동시에 키우는 과정이 된다. 한 페이지에 한두 문장밖에 없던 그림책에서 시작한 아이가 점차 짧은 이야기책에서 소설책까지 읽게 되는 과정은 단어 수준의 이해를 넘어 문장과 문맥 전체를 이해하는 힘으로 이어진다. 이렇게 문맥 속에서 의미를 파악하는 경험이 반복되면, 자연스럽게 독해력이 자란다. 아이는 단어 하나하나에 집착하기보다는 이야기 전체의 흐름을 읽고, 그림과 문장을 연결해 유추하며 읽는 힘을 기르게 된다. 이 과정은 나중에 학교 영어 수업에서 긴 글을 읽고 핵심 내용을 파악하는 능력으로 이어지고, 나아가 시험 지문을 빠르고 정확하게 이해하는 데도 큰 도움을 준다. 무엇보다 영어 독서는 듣기, 말하기, 읽기, 쓰기 네 영역 모두에 긍정적인 영향을 미친다. 반복적으로 들은 표현은 말하기로 이어지고, 눈으로 본 문장은 자연스럽게 쓰기로 연결된다. 책 속에서 접한 다양한 문장 구조와 표현은 아이의 영어 감각을 다듬고, 문법적 감각도 자연스럽게 형성해 준다. 영어책을 통해 어휘와 표현을 반복적으로 접하고, 실제 상황 속에서 그 의미를 유추하고 이해하며, 머릿속에 영어의 뼈대를 만들어 나가는 것이다. 결국 영어책 읽기는 단순한 읽기 훈련이 아니라 영어 실력을 탄탄하게 다지는 효과적이고 자연스러운 방법이다. 조급해하지 않고 영어책과 함께하는 시간을 아이의 일상 속에 조금씩 녹여낸다면, 영어는 더 이상 시험을 위한 과목이 아닌 익숙하고 자신 있는 언어가 될 수 있다.

작년 우리 반 학생 중에 쉬는 시간이나 자투리 시간마다 영어 원서를 틈틈이 읽는 학생이 있었다. 어떤 책을 읽나 살포시 살펴보니 중학교 3학년 학생이 읽기에 상당히 높은 수준의 책이었다. 이 학생은 외국에서 살다 온 학생도 아니었기 때문에 어떻게 이렇게 영어 원서를 즐기게 되었는지 궁금해 물어보았다. 학생의 답변은 의외로 단순했다. "예전부터 쭉 읽어서 지금도 재밌게 보는 것 같아요." 아, 역시 꾸준한 영어책 읽기의 힘은 대단했다. 이 학생의 경우 워낙 많은 문장과 어휘에 노출된 학생인지라 교과서 지문은 매우 쉽게 이해했고, 논술 수행평가와 독서록 작성 등 쓰기 활동에서도 문장과 어휘 수준이 탁월했다. 달달 외워서 또는 번역기를 돌린 문장과는 차원이 다른 정말 '영어스러운' 자연스러움이 묻어나는 문장들이었다. 게다가 영어 토론 시간에는 매우 유창한 말하기 실력을 뽐냈다. 나중에 이 학생의 어머니와 상담할 기회가 생겨 어떻게 ○○이는 이렇게 영어를 잘하고 즐기게 되었냐고 물어보았더니 어머니의 대답 역시 단순했다. "아이가 영어를 좋아했으면 좋겠다는 생각에 정말 꾸준히 노출해 주었어요. 특히 영어책은 유치원 다닐 때부터 계속 함께한 것 같아요." 이 대답을 듣자마자 나는 학생이 영어를 즐기게 되기까지, 어렸을 때 부모님과 어떤 시간을 보냈을지 머릿속에 저절로 그려졌다. 영어라는 언어를 즐기게 되자 실력은 덤으로 따라왔고 자신감까지 충만하게 되어, 중학생이 된 이 학생은 영어라는 이름의 과목조차 어렵지 않게 느끼게 된 것이다.

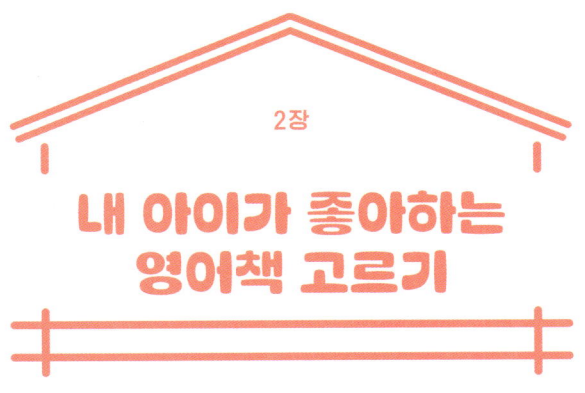

2장
내 아이가 좋아하는 영어책 고르기

    쭈똑이가 5살 정도 될 때까지는 영어책을 정말 많이 샀다. 왜냐하면 그만큼 반복해서 읽어줘야 효과가 크다는 것을 알았고, 어린아이들은 이러한 반복을 즐기기 때문에 봤던 책을 읽고 또 읽어주며 책에 나온 표현을 습득할 수 있도록 했다. 또한 영어 노출을 위해서는 집 안에 영어책이 눈에 잘 띄는 곳에 많이 있는 것 자체가 중요하다고 생각했다. 아이가 놀다가도 자연스럽게 책을 집어 들 수 있는 환경, 언제든 읽어달라고 할 수 있는 분위기를 만들어 주면 영어는 특별한 공부가 아니라 일상 속의 언어로 자리 잡을 수 있기 때문이다.

    그래서 일부러 책장을 아이 눈높이에 두고, 영어책을 장난감처럼 여기며 자유롭게 펼쳐볼 수 있도록 했다. 그날그날 아이의 기분이나 관심에 따라 골라 읽을 수 있었고, 같은 책이라도 읽을 때마다 새로운 표현을 발견하는 재미도 있었다. 하지만 점점 책을 보관할 공간도 없을 뿐만 아니라 금전적인 부담도 생겨 지역 도서관을 적극 활용하기 시작했다. 처음엔 다양한 원서 속에서 어떤 책을 빌려야 할까 많은 책을 뒤적이며 고민했는데 나와 같은 고민이 되는 분들은 우선 서점 사이트의 베스트셀러와 연령별 인기 도서를 살펴보길 추천한다. 내가 자주 이용하는 영어 원서 판매 사이트는 웬디북인데 이곳에 들어가 보면 연령별 베스트셀러는 물론이고 책의 난이도도 구분하여 검색할 수 있다. 그래서 이곳에서 추천하는 책부터 도서관에서 빌려보기 시작했다.

지금도 도서관에 2~3주에 한 번은 쭈똑이와 같이 간다. 아이에게 책의 선택권을 주고 싶어서다. 아이가 직접 책을 고르면 좋은 점이 본인이 선택한 책이기 때문에 더 적극적으로 읽는다. 글씨를 읽을 줄 몰라도 "엄마, 이 책 재밌어 보여."라고 하면 나는 그 선택을 무조건 존중한다. 가끔은 아이의 수준에 맞지 않은 너무 쉽거나 어려운 책일지라도 말이다. 그리고 본인이 직접 고른 책은 책에 대한 기대감을 더욱더 높여주고 설사 재미가 없더라도 끝까지 읽는다. 생각보다 의외로 아이가 골라오는 책이 재밌을 때도 많다. Steve Antony의 『The queen's hat』은 꽤 유명하지만 몰랐던 책인데 쭈똑이가 도서관 한 귀퉁이에서 꺼내 발견한 책이다. 책 표지를 보더니 왜 이렇게 병정들이 많냐며 호기심 어린 눈으로 페이지를 넘겨보기 시작했다. 그리고 나선 재밌어 보인다며 빌려왔는데 실제로 그림의 디테일도 숨은 그림 찾는 것 마냥 재밌었고, 런던의 랜드마크까지 알게 되며 재밌게 읽은 책 중의 하나였다.

이처럼 아이와 다양한 영어책을 접할 기회를 갖고 읽다 보니 아이가 어떤 스타일의 내용을 좋아하고 싫어하는지 파악이 되었다. 아이의 성장 속도에 따라 좋아하는 소재도 달라진다. 한참 똥이나 방귀 같은 소재를 좋아하다가, 공주나 분홍색이 많은 책을 좋아하다가, 지금은 그림에 디테일이 많은 책을 좋아한다. 하지만 예나 지금이나 달라지지 않은 건 마녀나 괴물이 나오는 책은 싫어한다는 것이다. 이처럼 엄마의 역할은 아이가 좋아할 만한 책을 골라 보여주는 것이다. 그러다 보면 정말 재밌게 읽는 책도 걸려들게 되는 날이 오고 아이는 영어책을 더 즐길 수 있게 된다. 책을 읽으며 깔깔대는 모습을 보면 얼마나 뿌듯한지 모른다. 엄마만큼 내 아이의 취향을 잘 아는 사람은 없다. **훗날 아이가 읽기 독립이 되어 스스로 책을 고르기 전까지는 다양한 책을 보여주며 내 아이의 웃음 코드와 취향을 파악하자.**

영어 그림책은 아이에게 영어만 알려주지 않는다. 영어를 쓰는 사람들이 어떤 방식으로 살아가고, 어떤 가치관을 따르고 있으며, 어떤 순간에 웃고, 슬퍼하고, 기뻐하는지도 보여준다. 그리고 그 과정은 자연스럽게, 부담 없이, 즐겁게 이루어진다. 이가 빠졌을 때 베개 밑에 이를 두면 Tooth fairy가 동전을 놓고 가는 모습, 무섭고 장난스러운 분장을 하고 Halloween을 즐기는 모습 등 아이에게 설명 없이도 새로운 문화를 보여준다. "왜 이를 베개 밑에 두는 걸까?", "왜 집집마다 사탕을 받으러 다니지?" 하고 따로 질문하지 않아도, 이야기 속 등장인물의 말과 행동, 표정, 상황을 따라가며 자연스럽게 그 문화 속으로 들어가게 된다. 이것이 바로 영어 그림책의 또 다른 매력이다.

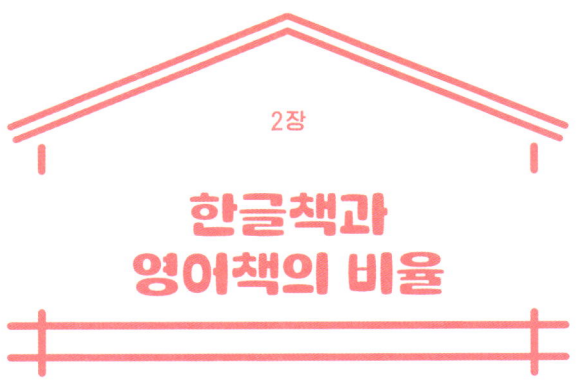

2장
한글책과 영어책의 비율

영어 노출을 시작하면서 많이 받은 질문 중 하나는 "한글책과 영어책 비중을 어떻게 해야 하나요?"라는 질문이다. 나는 이 질문에 늘 같은 대답을 해왔다. "한글책을 영어책보다 더 많이 읽혀야 합니다."

그 이유는 명확하다. 문해력은 모국어를 통해 기초가 형성되며, 이 기초 위에 영어 실력이 쌓인다. 모국어로 글을 읽고, 내용을 이해하고, 자신의 언어로 재구성하는 힘이 없다면 영어로도 같은 수준의 이해를 기대하기 어렵다. 특히 우리나라와 같은 EFL 환경(영어를 제2 언어로 배우는 환경)에서는 외국어인 영어가 모국어의 수준을 능가할 수 없다고 생각한다. 영어는 모국어 발달에 맞춰 뒤따라가는 것이다. 결국 나는 아이의 탄탄한 모국어 뒤를 영어가 잘 따라올 수 있게 도와주는 걸 목표로 삼아 실제로 아이에게 영어 노출을 꾸준히 하면서도, 한글책을 읽는 시간을 더 많이 확보했다.

사실 처음에는 한글책 영어책 비율을 따지지 않고 그날그날 끌리는 책을 보여줬는데 이때 비율은 5:5 정도의 비율이었다. 그런데 아이의 모국어가

급격히 발달하던 시기에는 모국어의 성장을 돕기 위해 영어책 비중을 줄이고, 한글책 8, 영어책 2 정도의 비율로 노출했다. 영어도 영어지만 모국어 발달이 우선이고 모국어가 어느 정도 자리 잡고 올라오면 영어도 자연히 따라올 거라 믿었기 때문이다. 결과도 역시 예상과 같았다. 그리고 차츰차츰 다시 영어책의 비중을 조금씩 늘려나갔다.

그런데 영어를 잘 받아들이던 쭈똑이도 5살 때 유치원에 입학하자 위기가 찾아왔다. 또래와의 상호작용이 급격하게 늘고 모국어와 영어의 갭이 훨씬 더 커지면서 영어책 읽기보다 한글책을 더 읽고 싶어 하는 시기가 찾아온 것이다. 모국어가 점점 편해지니 당연히 예상은 했지만, 한편으로는 서운하고 걱정되는 마음이 없었다면 거짓말이다. '이러다 이제 영어책을 안 읽는다고 하면 어쩌지?', '이렇게 노출 시간이 줄어들면 다 까먹는 거 아닌가?'라는 생각이 들면서 초조했던 것 같다. 그런데 이때, 아이의 선택권을 무시하고 영어책 읽기를 강요하면 오히려 장기간 영어책을 멀리할 수도 있다는 생각이 들었다. 그래서 아이가 읽고 싶어 하는 한글책 위주로 읽어주되, 예전에 재밌게 보았던, 그래서 이미 내용을 알고 편하게 즐길 수 있는 영어책 한두 권을 살포시 끼워 읽어주었다. 모르는 어휘 등으로 인한 새로운 인풋은 오히려 아이에게 부담을 주고 거부하게 할 것 같아서였다. 어떤 날은 영어책을 읽지 않는 날도 있었다. 하지만 이 시기에 아예 영어 노출을 하지 않은 것은 아니다. 영어 음원과 영상은 꾸준히 노출해 주었다. 특히 영상은 아이가 한국어 영상에 노출된 적이 없었고 이미 영어 영상의 재미를 알고 있었기 때문에 거부하는 일이 없었다.

이렇게 반년이 흘렀을까, 영어가 다시 모국어의 뒤를 바짝 추격해 오면서 다시 영어책도 서서히 더 읽기 시작했다. 이 무렵부터 지금까지 평균 하루에 5~7권 정도의 책을 읽어주고 있는데 영어책이 1~2권이라면 한글책은 그 두세 배 이상 읽어주고 있다. 많은 사람들이 쭈똑이는 영어책을 훨씬 더 많이 보여줬을 것이라고 생각하고 물어봤는데 한글책을 더 많이 읽고 있다고 이야기하면 의외라며 놀라워한다. 하지만 이것은 놀랍다기보다 어쩌면 당연한 일이다. 왜냐하면 한글책을 통해 사고력, 어휘력, 이야기 구조에 대한 이해가 탄탄하게 쌓여야 영어책을 읽을 때도 내용을 따라가고, 등장인물의 감정과 행동을 유추하며 읽는 것이 가능해지기 때문이다.

교사로서 수업 현장에서 느끼는 것도 같다. 중고등학교 영어 수업에서 학생들이 겪는 어려움은 단순한 단어 뜻이나 문법 문제가 아니다. 지문의 구조를 파악하고 논리의 흐름을 잡아내는 데 어려움을 겪는 경우가 더 많다. 심지어 해석본을 읽어도 주제를 도출하기 어려워하는 학생들도 있다. 이는 곧 문해력 부족의 문제이며, 모국어 독서를 얼마나 충분히 했는지와 직결된다. 또한, 아이가 영어책을 학습이 아닌 이야기로 받아들이기 위해서도 모국어 독서 경험은 필수적이다. 책의 흐름을 따라가며 맥락을 파악하고, 인과관계를 생각해 보는 활동은 모두 모국어 독서에서 먼저 익혀야 한다. 그래야 영어책을 읽을 때도 단어 하나하나에 매달리지 않고, 의미 단위로 사고하는 읽기 방식이 가능해진다.

모국어 문해력은 영어 실력의 상한선을 결정짓는 중요한 요소다. 영어책을 아무리 많이 읽어도 이해 기반이 부족하면 언젠가는 한계를 느끼게 된다. 따라서 영어책 읽기를 시작할 때는 모국어 독서를 기반으로 사고력과 언어 감각을 충분히 확장해야 한다. 영어는 그 위에 자연스럽게 쌓이면 된다.

2장
E-book 똑똑하게 활용하기

    영어 그림책을 보여주는 가장 좋은 방법은 아날로그적 방법인 종이책이겠지만, E-book도 장점이 많다. 우선 엄마가 읽어줘야 하는 수고로움을 덜 수 있고 동시에 원어민의 음성으로 생생하게 책을 볼 수 있다는 장점이 있다. 그리고 영어책을 매번 구입하거나 대여하지 않고도 좋은 퀄리티의 책을 노출할 수 있으며 짧은 애니메이션이 삽입되어 있어 아이의 흥미를 끌고 몰입을 돕는다. 나는 E-book을 주로 등원 전 아침 식사 시간이나 하원 후 간식시간에 보여준다. 자투리 시간에 매일 한두 권씩 노출하다 보면 그 양도 어마어마하다.

    E-book은 주로 유튜브를 활용하고 있다. '그림책의 제목 + read aloud'라고 검색창에 입력하면 원어민이 읽어주는 영상이 꽤 많다. 그래서 도서관에서 빌리기 어려운 책들이나 인기 책들은 E-book을 통해 노출해 주었고 종이책으로 읽었던 책도 다시 E-book으로 보여주면 또 새로운 맛이 있기 때문에 아이가 집중해서 잘 읽는다.

유튜브에 그림책 읽어주는 채널들이 많은데 그중에서 쭈똑이에게 가장 많이 도움이 된 채널은 'VOOKS'라는 채널이다. 어린이들이 보기에 순한 애니메이션과 또렷한 발음 등 영상의 퀄리티가 훌륭하다. 유료로 프로그램을 이용할 수도 있는데 유튜브 채널에도 책 종류가 굉장히 많다. 그리고 그림책 읽어주는 여러 유명 채널을 구독하여 틈틈이 살펴보고 아이가 좋아할 만한 책을 골라 보여주고 있다. 이 외에도 영어책을 읽을 수 있는 사이트와 앱을 통해서도 E-book을 틈틈이 보여주고 있는데 비문학을 포함한 다양한 장르의 책을 손쉽게 보여줄 수 있어 자주 활용하고 있다.

E-book만으로 모든 읽기 경험을 대신할 수는 없다. 종이책을 넘기며 손으로 책을 만지고, 페이지를 넘기면서 내용을 상상하고 추측하는 경험은 디지털 매체가 주지 못하는 깊은 몰입감을 만들어 준다. 그래서 E-book은 종이책 읽기의 보조 수단으로 활용하고, 아이가 스스로 책에 대한 흥미를 잃지 않도록 엄마가 옆에서 균형 있게 조율해 주는 것이 무엇보다 중요하다. 아이가 스스로 영어 읽기가 가능해질 때쯤 학습을 병행하기 시작했을 때 Reading &, Reading Gate 등과 같은 유료 영어 도서 학습 콘텐츠도 함께 활용하면 도움이 된다.

▶ E-book 활용 추천 사이트

유튜브 채널

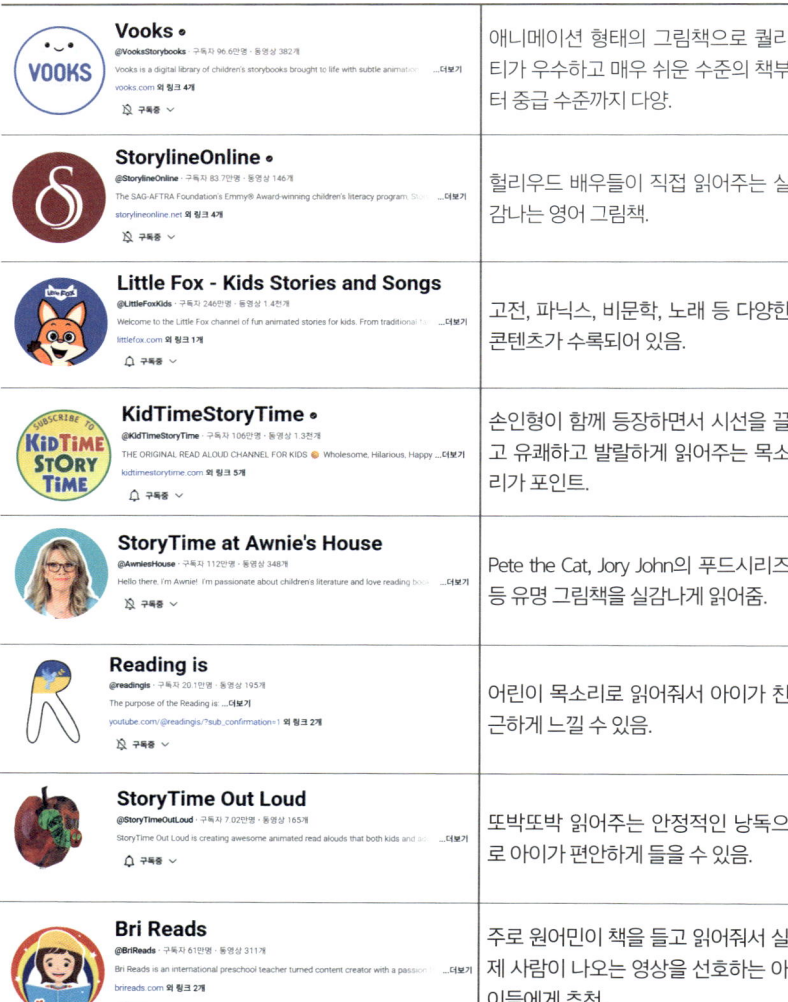

Vooks	애니메이션 형태의 그림책으로 퀄리티가 우수하고 매우 쉬운 수준의 책부터 중급 수준까지 다양.
StorylineOnline	헐리우드 배우들이 직접 읽어주는 실감나는 영어 그림책.
Little Fox - Kids Stories and Songs	고전, 파닉스, 비문학, 노래 등 다양한 콘텐츠가 수록되어 있음.
KidTimeStoryTime	손인형이 함께 등장하면서 시선을 끌고 유쾌하고 발랄하게 읽어주는 목소리가 포인트.
StoryTime at Awnie's House	Pete the Cat, Jory John의 푸드시리즈 등 유명 그림책을 실감나게 읽어줌.
Reading is	어린이 목소리로 읽어줘서 아이가 친근하게 느낄 수 있음.
StoryTime Out Loud	또박또박 읽어주는 안정적인 낭독으로 아이가 편안하게 들을 수 있음.
Bri Reads	주로 원어민이 책을 들고 읽어줘서 실제 사람이 나오는 영상을 선호하는 아이들에게 추천.

Brightly Storytime •
@BrightlyStorytime · 구독자 21.5만명 · 동영상 443개
Brightly Storytime brings you full-length picture books read out loud by our storyteller... ...더보기
readbrightly.com/subscribe 외 링크 4개

🔔 구독중 ∨

책의 삽화가 전체 화면에 큼직하게 잘 보이며 지나치게 과장된 억양이 아닌 자연스러운 톤이 듣기 편안함.

온라인 무료 사이트

Tumble books	https://www.calgarylibrary.ca/read-learn-and-explore/digital-library/tumblebook-library
Storyberries	https://www.storyberries.com/
Unite literacy	https://www.uniteforliteracy.com/
EBS 펀리딩	https://www.ebse.co.kr/apps/funReading/funMain.do#main__1_all_0_1_1_0_
Oxford owl	https://www.oxfordowl.co.uk/for-home/find-a-book/library-page/
Khan Kids Academy	무료 앱

유료 영어 도서 학습 콘텐츠

Reading &	https://www.readingn.com/
Reading Gate	https://www.readinggate.com/
Epic	https://www.getepic.com/

3장

쭈똑이가 영어로 술술 말하게 된 비결 : 발화 자극 실천기

대화와 놀이로 말문을 여는 실천 전략

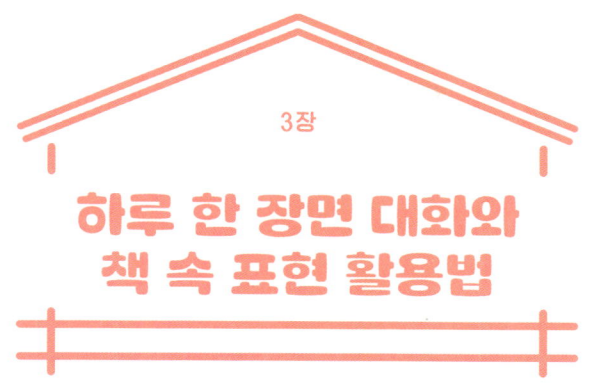

3장
하루 한 장면 대화와 책 속 표현 활용법

말은 표현의 수단이다. 아이가 영어로 자연스럽게 발화하려면 두 가지 과정이 필요하다. 첫 번째는 영어가 소통의 도구라는 인식을 갖게 하는 것이고, 두 번째는 아이가 스스로 표현하고 싶어지는 순간을 만들어 주는 것이다. 이를 위해 나는 하루에 한 장면, 짧은 시간이라도 영어로 대화하는 시도를 꾸준히 했다. 특별한 시간을 따로 마련하는 것이 아니라, 옷을 갈아입을 때, 밥을 먹을 때, 미끄럼틀을 탈 때처럼 일상 속 순간에 두세 문장씩 영어를 사용했다. 처음에는 아이가 아무런 반응조차 보이지 않았다. 영어로 질문해도 한국어로 대답하거나 아예 무시하는 경우도 있었다. 하지만 반응을 기대하기보다는 꾸준히 영어로 말을 건네는 경험을 쌓아간다는 생각으로 꾸준히 실천했다. 시간이 흐르자 아이는 자연스럽게 영어 단어를 섞어 답하거나 짧은 영어 문장을 말하기 시작했다.

영어 입력(input)이 충분히 이루어져야 한다는 것은 분명하지만, 그것만으로는 발화로 끌어내기 부족하다. 왜냐하면 아이가 영어로 말하기 위해서는 말하려는 대상이 필요한데 어릴 때는 주로 그 대상이 엄마다. 그런 엄마가 한마디의 영어도 사용하지 않는다면 아이 입장에서는 굳이 영어로 말할 이유가 없기 때문이다. 물론 엄마가 영어로 말을 걸지 않아도 아이의 영어 노출량이 많아지고 연령이 높아지면 말하기도 어느 정도 발달하게 되겠지만 아이가 영어로 말을 할 수 있도록 좀 더 돕고 싶다면 영어를 '꺼낼 수 있는' 기회를 자주 제공해야 한다고 생각한다. 어느 정도 아이가 영어 말하기 능력이 올라올 때까지는 엄마가 분위기를 만들어 주면 훨씬 더 좋다는 것이다. 발화는 절대 강요해서 이루어지지 않는다. 친근한 분위기 속에서 아이가 스스로 말하고 싶어지도록 도와야 한다. 특히, 아이가 영어로 자연스럽게 말하려면 편안한 분위기가 정말 중요하다. 언어 습득 이론에서 말하는 정의적 여과(affective filter)는 학습자가 느끼는 불안, 긴장, 부담감이 높을수록 언어 입력(input)과 출력(output)이 방해받는다는 개념이다. 즉, 아이가 긴장하거나 스트레스를 받을 때는 아무리 많은 영어 노출이 있어도 발화로 이어지기 어렵다. 반대로, 엄마와 함께하는 일상 속 편안한 순간에, 부담 없이 영어로 말을 걸어주면 아이의 anxiety(불안감)가 낮아지고, affective filter가 내려간다. 이때 아이는 자연스럽게 영어로 말하고 싶은 마음을 갖게 된다.

솔직히 말하면, 영어 교사인 나에게도 갑자기 생활 속에서 영어로 말하는 게 쉽지 않았다. 학교에서는 매일 영어를 가르치지만, 집에서 생활 영어를 매일 쓰는 것은 또 다른 문제였다. 한국에서 태어나 자란 내가 원어민처럼 아주 유창한 영어를 아이에게 구사하는 것은 불가능한 일이라 생각했다. 다만 내가 영어로 말하는 모습을 보여주면서 아이에게 영어라는 것은 듣고 보기만 하는 언어가 아닌 입 밖으로 꺼내 의사를 표현할 수 있는, 소통의 수단이라는 것을 알려주고 싶었다. 그래서 하루에 한 장면씩 영어로 대화하기로 결심했다. 예를 들어 오늘은 목욕할 때, 내일은 옷 갈아입힐 때 등등 5문장 정도씩 사용하며 시작했다. 아이가 보는 영상과 책에 나오는 좋은 표현들은 적어두고 외웠다. 실제로 활용 빈도가 가장 높고 아이에게도 반복 효과가 있어서 엄마의 영어 공부 자료로 제격이었다. 이게 습관이 되니 나도 입에 영어 표현이 달라붙어 어쩔 땐 목욕할 때와 옷 갈아입힐 때 이렇게 두 장면, 세 장면의 영어 대화가 이어지기도 했다. 엄마표 영어를 하려면, 무엇보다 엄마가 영어와 친해지려는 노력이 필요하다. 처음엔 당연히 어색할 수 있다. 하지만 매일 짧게라도 시도하다 보면, 영어는 특별한 것이 아니라 우리 집의 자연스러운 일상이 되어간다. 그리고 어느 순간, 일상 속 편안함 속에서 엄마의 짧은 영어 실력과는 상관없이 아이는 자연스럽게 줄줄 자기 의사를 영어로 표현하는 날이 찾아온다. 기억할 점은 엄마는 아이에게 발화가 이루어질 수 있는 분위기와 환경을 마련해주려고 말을 건네는 것이지 엄청 어려운 표현을 쓰거나 유창하게 말하려고 애쓸 필요는 없다는 점이다. 물론 영어 실력이 좋다면 더할 나위 없지만, 영어는 길게 가야 한다. 엄마에게 너무 큰 숙제나 부담이 되어 버리면 꾸준히 이어가기 어려워진다.

> 쭈똑맘의 팁!

책 속 표현으로
아웃풋 끌어내기 1

책에 나온 문장을 말하도록 이끌기

이 방법은 정말 효과를 많이 본 방법인데 책에 나온 표현들을 생활 속에서 활용해 써주는 방법이에요. 영어 발화를 북돋기 위해서, 생활 영어가 많이 쓰인 책들을 주로 읽어주었어요. 특히 쭈똑이가 영어 단어들을 조금씩 내뱉기 시작했을 때 문장으로 발화할 수 있도록 도운 책이 있었는데 그게 바로 『Maisy first picture book』입니다. 문장이 간결하고 생활에 밀접해서 통문장 그대로 발화로 이어지기 매우 좋아요.

책 활용 예시 1 : Maisy Cleans Up

예시 문장은 "Maisy vacuums the living room."입니다. 옆에는 메이지가 청소기를 돌리는 그림이 함께 실려 있어요. 아이는 이 문장과 그림을 함께 접하면서 vacuum이라는 단어의 의미를 머릿속에

쌓아 둡니다.

핵심은 '반복 노출 후 상황에서 꺼내 말하기'예요.

아이는 생활 속 표현이 담긴 간단한 문장을 반복해서 접할수록, 비슷한 상황이 눈앞에 펼쳐졌을 때 그 문장을 머릿속에서 꺼내 쉽게 말합니다.

→ 문장이 단순하고
→ 실생활과 밀접하게 연결되어 있을수록
→ 아이는 부담 없이 발화를 시도합니다.

물론, 같은 양의 노출을 해줘도 아이마다 발화를 시작하는 시점은 달라요. 그렇다면 엄마가 할 수 있는 일은 무엇일까요?

바로 실제 상황에서 문장을 써주고, 질문을 통해 발화를 유도하는 거예요.
예를 들어, 청소기를 돌리면서 "Look at me! Mommy is vacuuming the living room."이라고 여러 번 말해줍니다. 그리고 며칠 뒤, 다시 청소기를 돌리며 "Hey~ what is mommy doing?"이라고 물어보세요. 이렇게 하면 아이가 "Mommy is vacuuming the living room."이라고 말할 가능성이 높아진답니다.

또한 책 속 그림을 보면서 질문하는 방법도 있어요.

예: "What is Maisy doing?"

→ 아이가 "Maisy is vacuuming the living room."이라고 말하도록 이끕니다.

특히 동작이 포함된 문장은 아이가 하고 있는 동작을 묘사해 주고 질문하는 것이 효과적이에요.

예를 들어, 아이가 그림을 그리고 있을 때 "You are drawing pictures. (그림 그리고 있네.)"라고 말해 준 뒤, 조금 후에 "What are you doing?"이라고 되물어 보세요. 이렇게 하면 아이는 방금 들었던 표현을 그대로 따라 하며 "I'm drawing pictures."라고 발화할 수 있습니다.

책 활용 예시2 : Maisy Takes a Bath

이 책에는 '옷을 벗다.'라는 뜻을 나타내는 두 가지 표현인 'take off the clothes'와 'get undressed'가 메이지가 옷을 벗는 그림과 함께 실려 있어요.

책을 읽은 후 옷을 벗자고 말할 때 이 표현들을 반복적으로 들려주세요.

예: "Let's take off your clothes.", "Let's get undressed."

같은 상황에서 두 표현을 번갈아 써주면, 아이는 두 문장이 옷을 벗자는 말인지를 점점 더 확실하게 인지하게 됩니다.

발화를 이끌어내기 위해서는 문장의 앞부분만 말하고 뒷부분을 아이가 완성하도록 유도해 보세요.

예를 들어, 목욕 전에 옷을 벗는 상황에서 "Before taking a bath, we need to…?"라고 말해 주면, 아이는 책에서 보고 엄마가 말해준 표현을 기억하여 "take off the clothes!" 또는 "get undressed!"라고 말할 수 있습니다.

『Maisy first picture book』 다음 단계로 『Maisy first experiences pack』을 읽었는데 picture book은 주로 집에서 일어나는 활동들과 대화 중심이라면, experiences는 말 그대로 아이가 밖에서 경험할 수 있는 장소들에서 일어나는 이야기기 때문에 문장도 조금 길다. 도서관, 서점, 여행, 병원 등 아이가 주로 가는 장소에서 쓰이는 표현들이 담겨 있어서 책에 나온 장소에 갈 일이 있을 때면, 다녀오기 전후에 읽어주었다. 또, 문장이 짧기 때문에 나는 책의 해당 페이지를 미리 사진으로 찍어 두었다가 슬쩍 보며 실제 상황에서 아이에게 말해주기도 했다. 예를 들어 『Maisy Goes to the Library』 책에 'Maisy settled down to read in a quiet corner.(메이지는 조용한 곳에 앉아 책을 읽기 시작했어요.)'라는 문장이 나오는데 이 표현을 핸드폰에 찍어 놓고 아이와 고른 책을 읽으러 갈 때 "Let's settle down to read in a quiet corner."라고 말해주었다.

이런 식으로 책에 나온 생활 영어 표현들을 써먹다 보니 내 머릿속에도 함께 쌓이게 되어 자주 반복해서 말해주는 날이 오게 되었고 Peppa pig 영상을 노출한 후에는 『Peppa Pig Picture book』 시리즈와 『First Words with Peppa Pig』 시리즈를 많이 읽어주었다. 영상과 내용 및 대사가 거의 일치해서 한 에피소드를 보여준 후에 책으로 반복해서 또 읽어주면 효과가 좋다. 여기서도 강조하는 것은 반복이다. **특히 발화 초기에는 반복을 많이 해줬는데, 이는 단어와 문장 패턴을 자주 접해봐야 아웃풋으로 이어질 수 있기 때문이다.**

책 속 표현으로
아웃풋 끌어내기 2

> 쭈똑맘의 팁!

영상과 책에 나온 활동 따라 하기

활동 1. 종이비행기 만들기 / 영상: Peppa pig – Paper aeroplanes

영상과 책 속에서 아이는 다음과 같은 표현을 접하게 됩니다.

"You can bend bits of paper into paper planes.(종이 조각을 접어서 종이비행기를 만들 수 있어.)"

"I can make it go up and away!(내가 이걸 위로, 멀리 날아가게 할 수 있어!)"

엄마가 실제로 아이와 함께 종이비행기를 접고 날리며, 책에서 본 문장을 그대로 말해 주세요. 그러면 아이는 자신이 비행기를 만들면서 같은 표현을 자연스럽게 따라 할 수 있어요.

활동 2. 비눗방울 놀이 / 영상: Peppa pig - Bubbles

실제 활용 장면보기

쭈뚝이가 비눗방울을 참 즐겨 했을 때가 있었는데 Peppa Pig <bubbles> 에피소드에 같은 장면이 나오고 같은 제목의 책도 있어요. 아이가 영상과 책을 보고 난 뒤 실제 비눗방울을 할 때 엄마가 책에 나온 핵심 2~3 문장 정도만 함께 써주면 아이가 비눗방울을 하며 같은 문장을 발화할 가능성이 매우 높아져요. 아래와 같은 문장들을 영상에서도 보고 책에서도 보고 실제 비눗방울 놀이할 때도 들으니까 말이에요.

"Dip the stick in the bubble mixture.(막대기를 비눗방울 용액에 담가 봐.)"
"Now, take a big breath and blow!(이제, 숨을 크게 들이마시고, 후~ 불어 봐!)"

몸으로 익히기

실제 활용 장면보기

활용 책: Pete the Kitty and the Case of the Hiccups

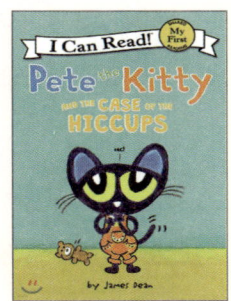

책에 특정 동작을 하는 그림과 문장이 나오면, 그 부분을 읽으면서 아이와 함께 실제로 따라 해 보는 것은 매우 효과적이에요.

이 책에서는 주인공 Pete의 딸꾹질을 멈추기 위해 친구 Toad가 다음과 같은 동작을 제시해요.

"You stand on one foot.(한 발로 서.)"

"You stand on one foot and hop up and down.(한 발로 서서 위아래로 뛰어.)"

"You stand on one foot and hop up and down and sing a song.(한 발로 서서 뛰면서 노래를 불러.)"

"You stand on one foot and hop up and down and sing a song and rub your belly.(한 발로 서서 뛰고 노래를 부르며 배를 문질러.)"

이 문장들을 읽을 때마다 아이와 함께 따라 하며 몸으로 익히면, 단순히 책으로 보는 것보다 문장이 훨씬 더 자연스럽게 받아들여집니다.

또한 아이가 딸꾹질을 할 때 책에 나온 표현들을 말해주세요.
"You have the hiccups!(딸꾹질하네)"
"How do you stop the hiccups?(딸꾹질을 어떻게 하면 멈출 수 있을까?)"

책 내용을 놀이처럼 따라 하면서 익히면 문장이 입에 붙고, 행동과 표현이 함께 기억된답니다.

새로운 단어를 실제 말하기로 연결하기

활용 책: The Couch Potato

Couch potato는 '소파에 뒹굴뒹굴하면서 아무것도 하지 않는 사람'을 뜻하는 표현이에요. 책에서는 실제 감자가 주인공으로 등장해, 리모컨 하나로 TV를 보고 우유도 마시고 머리도 빗는 등 모든 걸 소파에서 해결하는 모습이 그림으로 아주 재미있게 그려져 있어요. 이 단어를 아이와 함께 읽으며 "진짜 감자가 아니라, 이렇게 하루 종일 소파에만 있는 사람을 couch potato라고 해."라고 먼저 말해주었어요.

그리고 책을 다 읽고 나서,

"Are you a **couch potato**?"

"Is mommy a **couch potato**?"와 같은 질문을 던져보며 아이가 "Daddy is a **couch potato**!"라며 새 단어를 말해볼 수 있게 도왔어요.

또한 이 책에는 slouch(구부정하게 앉다, 축 늘어져 있다)라는 동사가 여러 번 나오는데 아이가 소파에 축 늘어져 있을 때, "Do you like to **slouch** on the couch?"라고 물어보면서 자연스럽게 책에서 본 단어를 다시 써주었어요.

아이가 구부정하게 앉아 있을 때도

"Don't **slouch**. Sit up straight.(구부정하게 있지 말고 똑바로 앉아.)"

라는 말로 반복해서 들려주었더니 "I'm not **slouching**."의 대답으로 이어졌답니다.

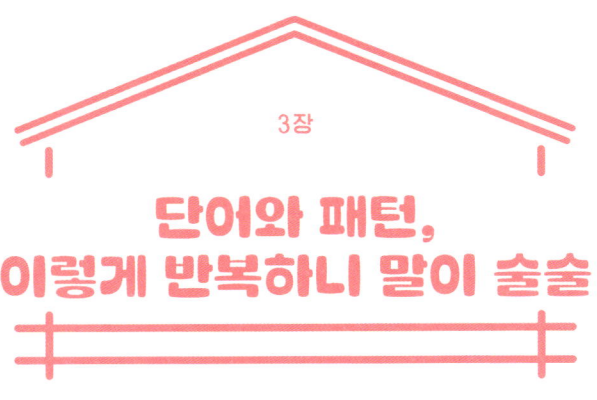

3장
단어와 패턴, 이렇게 반복하니 말이 술술

실제 활용 장면보기

우리가 하나의 단어를 습득하기 위해서는 얼마나 많이 그 단어에 노출되어야 할까? 한국어야 그만큼 높은 빈도로 노출되니 크면 클수록 습득하는 어휘량이 늘어나지만, 영어는 절대적으로 노출되는 환경이 부족하기 때문에 우리는 '영어 단어-우리말 뜻'을 인위적으로 외우고 있다. 이런 식의 단어 암기는 영어를 학습할 때 필요한 과정이고 나도 학교에서 학생들에게 가르치는 방법 중에 하나이기도 하지만 쭈똑이에게 영어 단어를 노출하는 방법으로서는 아직 시작하지 않은 방법이다. 그 이유는 영어에 대한 긍정적인 정서를 심어주기 위해서도 있고 지금은 얼마든지 어휘를 자연스럽게 습득하고 사용할 수 있는 시기이기 때문이다. 상황과 맥락 속에서 스스로 습득한 단어는 온전히 자기 것이 되어 자연스럽게 사용할 수 있다.

한 단어를 반복적이지만 다양한 문장 속에 노출시키는 방식은 어휘 습득과 의미 굳히기에 매우 효과적이다. 특히 명사의 경우 실물과 함께 제공될 때 그 효과는 배가된다. 예를 들어, toy car를 보여주며 다음과 같은 문장을 상황에 따라 반복해 주는 것이다.

"Mommy is pushing the toy car.(엄마가 장난감 자동차를 밀고 있어.)"
"You're holding the toy car.(너 장난감 자동차를 들고 있네.)"
"Where is your toy car?(네 장난감 자동차 어디 있지?)"
"Is your toy car fast?(네 장난감 자동차 빠르니?)"
"Do you like your toy car?(장난감 자동차 마음에 들어?)"

이처럼 장난감 자동차 하나를 가지고 5가지 문장을 다양하게 반복해 줄 수 있다. 오늘 놀 때, 내일 놀 때 같은 문장이 반복되어도 상관없다. 반복이야말로 언어 습득의 가장 강력한 도구이기 때문이다. 또한 이러한 문장들은 나중에 fire truck, doll, ball 등 다른 명사로 바꿔 응용할 수 있어 확장성까지 높다. 아이가 점차 발화할 준비가 되면, 짧은 문장의 끝을 아이가 말할 수 있도록 자연스럽게 유도하는 것도 좋다. 장난감 자동차를 들고 "I see a…"까지 말하면 아이가 "toy car."라고 말할 수 있게끔 하는 것이다. 혹여 아이가 단어를 잘못 발음하거나 문장을 완성하지 못해도 교정하려 들기보다는 자연스럽게 넘어가는 것이 바람직하다. "아니야, 그게 아니지.", "엄마 따라 해봐."와 같은 말은 오히려 아이의 자신감을 위축시킬 수 있다. 아이가 즉각적인 반응을 보이지 않더라도 이미 유의미한 자극을 통해 충분히 언어 입력을 받고 있다는 점을 기억해야 한다.

한번은 길을 건너려고 횡단보도 앞에 서 있는데 아이에게 횡단보도를 영어로 알려 주고 싶다는 생각이 들었다. 아마도 엄마에게 가장 편한 방법은 이렇게 말하는 것일지 모르겠다. "이거 봐. 이건 횡단보도인데 영어로는 crosswalk야. 영어로는 뭐라고?" 그런데 듣는 아이 입장에서는 그다지 와 닿지 않을지도 모른다. 게다가 따라 하라고까지 하면 벌써 공부 느낌이 확 들기 때문에 눈치 빠른 아이들은 따라 할 생각이 없다. 대신 나는 이렇게 이야기 해주었다.

"Look at the crosswalk. It looks like a zebra.(횡단보도를 봐봐. 얼룩말 같지.)" "White, black, white, black.(하양, 까망, 하양, 까망.)" 이렇게 말하면 벌써 아이가 횡단보도를 보며 관심을 갖기 시작한다. 그때 "We are standing at the crosswalk.(우리 횡단보도 앞에 서 있네.)"라고 말하며 다시 한번 crosswalk를 말해주고, 길을 건너면서 "We are crossing the street at the crosswalk."라고 한 번 더 말해주었다. 그러다 다시 횡단보도를 만났을 때 아이에게 "We are standing at the…?"라고 물어보니 "crosswalk."라고 대답했다.

또한 특정 문장 패턴이 반복되는 책도 활용하면 좋다. 쭈똑이에게 한 번도 현재완료 시제라는 것을 설명한 적은 없지만 "Have you seen my sticker?"라고 말하게 해준 책이 있다. 바로 Jon Klassen의 『I want my hat』이다. 이 책을 보면

"Have you seen my hat?(내 모자 못 봤어?)"

"No, I haven't seen your hat.(응, 네 모자 못 봤는데.)"이라는 표현이 계속

반복되는데 이 문장 패턴을 엄마가 생활 속에서 얼마든지 활용할 수 있다.

"Have you seen my glasses?(엄마 안경 못 봤어?)"라고 물어보며 같이 안경을 찾아본다든가 아이가 장난감 자동차를 찾을 때 "I haven't seen your toy car."라고 말해주면서 실생활에 연결 지어 주는 것이다. 그러면 아이가 어떤 물건을 찾을 때 "Mommy, have you seen my ○○○?"라고 말할 수 있는 환경이 만들어진다.

영어로 놀이를 한다는 것부터가 엄마들에게는 부담이 될 수 있지만 아이에게 영어를 친근하고 재미있게 받아들일 수 있게 하는 데는 효과적이기 때문에 가끔 함께하는 시간을 가지면 좋다. 거창할 것도 없이 엄마가 대본을 보고 해도 흐름에는 지장이 없으니 약간의 노력과 시간을 들여 꼭 해보기를 추천한다. 이러한 경험은 단순한 암기보다 훨씬 오래 기억에 남고, 실제 발화로 이어질 가능성을 높이기 때문이다. 또한 놀이로 영어를 접하게 되면 엄마와의 상호작용 속에서 아이는 실수를 두려워하지 않고 영어로 말해도 되는 편안한 분위기를 경험하게 된다. 정확함보다 시도가 먼저라는 점에서 영어로 말하고 싶은 마음을 키워주는 최적의 환경이 되는 것이다.

놀이 1. 전치사를 활용한 보물찾기 놀이

전치사 놀이는 공간 개념과 영어를 동시에 익힐 수 있는 좋은 기회가 된다. 특히 보물찾기 놀이는 아이가 직접 움직이며 놀이에 참여하므로, 감각적 자극과 함께 전치사 표현을 습득할 수 있다. Karen Katz의 『Where is』 시리즈를 보면 플랩을 들추며 자연스레 전치사 표현을 익히게 되어 있는데 안에 무엇이 있는지 찾아내는 재미가 있어 아주 어린 아이들에게도 재미있게 노출할 수 있다. "Is ○○○ under the blanket?" 등의 문장이 반복되며 함께 물건을 찾아가는 내용으로 쭈똑이가 정말 재미있게 읽어서 전 시리즈를 다 읽었다. 이 책을 읽고 집에서 다음과 같은 놀이를 해보면 습득에 훨씬 도움을 줄 수 있다.

놀이 방법

1) 물건을 특정 장소에 숨겨 놓고 다음과 같이 다양한 전치사를 써서 물어본다.

"Where is the toy car?(장난감 자동차 어딨어?)"
"Is it under the table?(식탁 아래 있나?)"
"Is it on the table?(식탁 위에 있나?)"

2) 아이와 함께 식탁 아래와 식탁 위를 보며 자동차를 찾는다. 아이가 바구니 속 장난감 자동차를 발견했을 때는

"Yes, there it is! It is in the basket.(맞아, 거기 있네! 바구니 안에 있어.)"

이라고 이야기 해주는 것이다.

"Is it under the chair?(의자 밑에 있어?)"

"Is it behind the door?(문 뒤에 있어?)"
"Is it next to the couch?(소파 옆에 있어?)"
"Is it in the box?(상자 안에 있어?)"

위 문장처럼 전치사만 바꿔서 활용해 보자.

엄마의 말을 듣고 실제로 물건을 찾는 행동을 하면서 아이는 'under', 'behind', 'next to', 'in' 같은 전치사 표현을 반복적으로 듣고, 의미와 함께 기억하게 된다. 놀이가 익숙해지면 아이가 "Is it under the bed?"라고 질문하거나 역할을 바꿔서 아이가 물건을 숨기고 "Look in the box!"처럼 지시하는 역할을 수행할 수 있다.

또한 전치사가 들어간 문장은 아이와 숨바꼭질할 때도 쓸 수 있다. 엄마가 숨어있는 아이를 찾으며 다음과 같이 말하며 생활 속에서 자연스럽게 전치사를 노출해 보자.

"Are you under the table?(식탁 밑에 숨었니?)"
"Are you behind the door?(문 뒤에 숨었니?)"
"Are you in the closet?(옷장 안에 숨었니?)"

놀이 2. 생활 속 사물 단어를 익히는 What's missing? 놀이

실제 활용 장면보기

"What's missing?" 놀이는 아이의 관찰력과 기억력을 자극하면서도, 집에서 자주 사용하는 물건들을 영어로 익히기 참 좋다. 나는 주로 식당에서 기다릴 때 이 놀이를 많이 했는데 숟가락부터 가방 속 지갑까지 여러 물건을 활용해서 즐길 수 있다. 놀이의 효과 및 목적은 첫째, 실물과 단어의 1:1 매칭으로 직관적 단어 학습이 가능하고, 둘째, 어휘력 확장 및 새로운 단어를 거부감 없이 습득할 수 있다. 셋째, 일종의 메모리 게임으로 기억력, 인지력 향상에 도움을 줄 수 있으며, 넷째, 아이의 참여율이 높아서 나중엔 아이가 숨기는 역할을 하며 재미는 물론 발화를 자극할 수 있다.

놀이 방법

1) 사물을 하나씩 나열하며 영어로 이름을 말한다.
   예: I have a comb and a spoon and a coin.
   → 사물을 하나씩 보며 듣는 이 과정 자체가 유의미한 어휘 노출이 된다.

2) 물건의 개수는 아이의 연령과 수준에 맞게 조절한다.
   - 처음엔 아이가 영어로 말할 줄 아는 익숙한 물건만으로 구성하고,
   - 점차 모르는 단어를 한두 개씩 추가한다.
   - comb이 낯선 단어라면, "This is called a 'comb'.(이건 '빗'이라고 불러.)"처럼 한 번 더 강조해준다.

3) 아이에게 이 중 하나를 숨길 테니 잘 봐둔 후 눈을 감으라고 한다.

4) 물건 중 하나를 몰래 숨긴다.

5) 아이에게 눈을 뜨고 무엇이 없어졌는지 맞혀보게 한다.

영어 예문

1) I have a comb and a spoon and a coin.(나는 빗이랑 숟가락이랑 동전을 가지고 있어.)

2) Take a look at everything. Try to remember them.(전부 잘 보고 기억하려고 해봐.)

3) I'm gonna take one thing away. You guess what's missing.(하나를 뺄 건데 뭐가 빠졌는지 맞혀 보는 거야.)

4) Close your eyes.(눈 감아봐.)

5) Now open your eyes. Tell me what's missing.(자, 눈 떠봐. 뭐가 없어졌는지 말해줘.)

아이는 머릿속으로 사물을 떠올리며 "The comb is missing!", "The spoon is gone!" 등 간단하지만 새로운 단어를 발화할 기회를 얻게 된다. 아이가 스스로 말을 꺼내기 어려워하면 "Is the spoon missing?"처럼 이끌어 주는 질문으로 도와줄 수도 있다. 놀이가 익숙해지면 아이가 숨기는 역할로 바꾸어 보자. 아이가 설명을 통해 엄마에게 힌트를 주도록 하면 표현력 확장으로도 이어진다. (예: "It's round. You use it to eat." → Spoon!)

무엇보다 이 놀이는 게임의 형식을 띠고 있어 아이가 학습이라는 부담감 없이 영어로 말하는 상황을 즐겁게 받아들이게 되며, 특히 명사를 익히는 데 효과적이다.

놀이 3. 실제 동작을 하며 동사를 익히는데 좋은 Simon says 놀이

'Simon Says' 놀이는 간단한 규칙만 알면 바로 시작할 수 있는 영어 게임이다. 신체를 활용해 말에 반응하면서 영어 동사를 익히는 데 효과적이다. 아주 쉬운 동작부터 점점 우스꽝스럽고 재미있는 동작까지 응용해 나가며 온 가족이 재미있게 즐길 수 있다.

놀이 방법

1) 엄마가 "Simon says + 동작"이라고 말하면, 아이는 그 동작을 따라 한다.
예: Simon says touch your nose. → 아이는 코를 만진다.

2) "Simon says" 없이 단순히 동작만 말하면, 아이는 따라 하면 안 된다.
예: Touch your nose. → "Simon says"가 없으므로 만지면 탈락!

3) 놀이를 시작하기 전에 규칙을 설명해 준다.

Let's play Simon Says.

사이먼 세즈 놀이하자.

If I say "Simon says touch your nose," you do it.

내가 '사이먼이 말하길, 코를 만져.'라고 하면, 따라 해.

If I don't say "Simon says", don't do it.

내가 '사이먼이 말하길'이라고 말하지 않으면, 하면 안 돼.

Only do it if I say "Simon says".

'사이먼이 말하길'이라고 했을 때만 따라 해야 해.

4) 간단한 동작부터 시작해 익숙해지도록 한다.

예: Simon says jump. / Simon says clap your hands.

5) 놀이가 익숙해지면 아이가 동작을 말하게 하여 자연스레 말하기로 이어 나간다.

아이가 "Simon says…" 문장을 만들고, 엄마가 따라 한다.

영어 예문

1) *Simon says touch your head.* (머리를 만지세요.)

2) *Simon says jump.* (점프하세요.)

3) *Simon says turn around.* (돌아보세요.)

4) *Clap your hands.* (박수 치세요.) ← Simon says가 없으니 따라 하면 안 됨.

5) Simon says sit down.(앉으세요.)

이런 간단한 동사들을 아이가 알게 되면 조금 더 어려운 동사를 쓸 수 있다. 아이가 모르면 엄마가 동작을 보여주면서 같이 하면 된다.

1) Simon says stick out your tongue.(혀를 내미세요.)
2) Simon says raise both hands in the air.(양손을 위로 드세요.)
3) Simon says wiggle your fingers.(손가락을 꼼지락거리세요.)
4) Simon says flap your arms like a bird.(새처럼 팔을 퍼덕이세요.)
5) Waddle like a penguin.(펭귄처럼 뒤뚱뒤뚱 걸으세요.)← Simon says 가 없으니 따라 하면 안 됨.

엄마와 역할을 바꿔서 아이가 "Simon says + 동작"을 말하고 엄마가 따라 하는 것도 재미있다. 의외로 아이들이 기상천외한 동작을 잘 생각해 낼 때도 있다. 예시 문장 외에도 구글에 'Simon says ideas'라고 검색 후 <이미지>에 들어가면 아주 다양한 동작들이 나와 있어서 엄마가 보고 활용할 수 있다.

놀이 4. What am I? 놀이

실제 활용 장면보기

"What am I?" 놀이는 간단한 문장 구조를 반복적으로 노출시키면서도, 아이가 상상력을 발휘하고 영어로 표현할 기회를 갖게 하는 영어 말하기 활동이다. 엄마와 아이가 번갈아 가며 특정 동물이나 물건이 되어 힌트를 주고 누군지 맞히는 방식으로 진행된다. 예를 들어, 좋아하는 동물을 떠올리고 "I have a long neck.(나는 긴 목을 가지고 있어) I eat leaves.(나는 나뭇잎을 먹어) I'm tall.(나는 키가 커) What am I?(내가 누구게?)"라고 말하면, "Are you a giraffe?(너는 기린이야?)"라고 대답하며 맞히는 활동인데 아이가 어릴 땐 말로만 하는 것보다 동물이나 그림 카드를 함께 활용하는 것이 더 효과적이다. 왜냐하면 설명을 듣고 눈에 보이는 그림 카드와 매치시키면서 답을 찾을 수 있고, 반대로 아이가 설명할 때 그림 카드를 보며 설명하면 훨씬 수월하기 때문이다. 아이가 표현이 서툴다면 처음에는 엄마가 문제를 내고 아이는 맞히는 역할로 시작하면 된다. 나는 집에 있는 동식물 카드를 사용했는데 이를 활용한 놀이 방법은 다음과 같다.

놀이 방법

1) 동물(또는 사물) 카드 10장을 탁자에 펼치며 이름을 영어로 말한다.
예: This is a cat. This is a penguin…

2) 엄마가 힌트를 주고, 아이가 그에 맞는 카드를 집어 들게 한다.

예: Now, you can pick the animal that I describe.(이제 엄마가 말하는 동물을 골라봐.)

→ 아이가 이해하지 못하면 한국어로 설명해도 좋다.

3) 엄마가 한 장의 카드를 속으로 정하고, 다음과 같은 문장의 예시를 읽으며 힌트를 준다.

I am a bird.

I can swim but I can't fly.

I am black and white.

What am I?

4) 놀이에 익숙해지면 아이가 문제를 내는 역할로 바꾼다.

이 놀이를 하다 보면 아이가 문제를 내고 싶어 하기 마련이다. 처음엔 아이가 기린을 설명할 때 yellow, tall 이런 식으로 단어만 이야기하겠지만 엄마가 "I have a long tail."처럼 문장으로 말하게 도와줄 수 있다.

게임 질문 예시

1) I have 4 legs and a tail. I have whiskers. People like to keep me as a pet. What am I?

   → I am a cat.

2) I am a bird. I can swim but I can't fly. I am black and white. What am I?

→ I am a penguin.

3) I have a large tail and big feet. I can hop along very fast. I live in Australia. What am I?

→ I am a kangaroo.

4) I have thick gray skin. I have big ears and a long trunk. I can spray water with my trunk. What am I?

→ I am an elephant.

5) I am a bird. I make a 'hoot' sound. I am usually awake at night. What am I?

→ I am an owl.

6) I have brown and orange spots. I have 4 long legs. I am very tall. What am I?

→ I am a giraffe.

7) I have 2 arms, 2 legs, and a tail. I like to eat bananas. I can swing from trees. What am I?

→ I am a monkey.

8) I eat leaves, grass, and plants. I have thick skin. I have a large horn on my face. What am I?

→ I am a rhino.

9) I am a big cat. I have big sharp teeth. I have orange fur and black stripes. What am I?

→ I am a tiger.

10) I live in the ocean. I can live for a long time. I am a very large mammal. What am I?

→ I am a whale.

이 외에도 twinkl 사이트(https://www.twinkl.com)에 'What am I game questions.'라고 검색하거나 구글에서 검색 후 <이미지>에 들어가면 다양한 그림과 질문들이 있으니 충분히 활용할 수 있다.

3장
책에 나온 장면 따라 하기

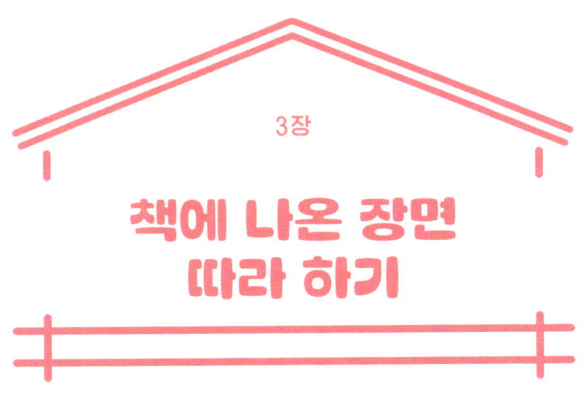

실제 활용 장면보기

아이와 놀다 보면 여러 가지 놀이를 하게 되는데 책이나 영상에서 재밌게 본 장면을 따라 하는 것도 어휘 노출에 큰 도움을 준다. 특히 나는 책에 나온 장면들을 주로 활용했는데 왜냐하면 영상은 대본이 없으면 따로 찾기 번거롭지만, 책은 내가 다시 보고 어휘나 표현 들을 반복에서 써줄 수 있기 때문이다. 예를 들어, 그림책 『The Stray Dog』를 읽은 뒤, 책 속에 나온 단어인 'stray(주인 없는)'와 'belong to(~의 것이다.)'를 놀이 속에서 사용할 수 있다. 이 책의 내용을 보면 공원 관리인이 주인공에게 윌리는 유기견이라며 데려가려고 한다. 이때 주인공이 자신의 벨트를 풀어 목줄인 척 하며 윌리는 목줄도 있는 주인 있는 개라며 데려가는 것을 막는다. 쭈똑이가 이 장면을 인상 깊게 보는 걸 느껴서 나는 공원 관리인 역할을 맡아 강아지를 잡으러 다니는 놀이를 했다. 마침 집에 장난감이 있어서 leash, collar, belong to와 같이 책에 나온 단어들을 다시한번 노출했다.

"He has no collar. He has no leash.(개 목걸이와 줄도 없잖아.)", "This dog is a stray.(이 개는 유기견이야.)"와 같이 책에서 공원 관리인이 하는 대사만 그대로 말해서 물꼬를 터주는 것이다. 아이는 책의 장면을 놀이로 확장하며 "No, he is not a stray dog."라고 말하며 stray라는 표현을 완전히 체득하고 그 이상의 표현도 사용할 수 있게 된다. 놀이와 책을 연결하는 경험은 아이에게 영어를 말할 진짜 이유를 만들어 준다.

또 다른 예시로 『Shark in the Park on a Windy Day』를 읽은 뒤, 책 속 장면을 그대로 재현하며 상어가 나타난 것처럼 상황을 가정해 볼 수도 있다. 책에서 계속 반복되는 대사인 "There's a shark in the park!"를 반복적으로 말하면서 실제 무서운 상어가 등장한 것처럼 아이와 놀았다. 쭈똑이는 자연스럽게 대사를 따라 말하거나, "No! It's just a cat!"처럼 책에 나오는 다른 표현으로 반응했다. 이 과정을 통해 쭈똑이는 책의 문장을 실제 상황에 응용하는 경험을 하게 된 것이다. 놀이는 단순한 흉내 내기를 넘어서 영어 발화의 자극제가 된다. 예를 들어, 망원경 소품을 들고 "I see something!", "Oh no, it's a shark!"라고 말하면, 아이도 그 흐름에 자연스럽게 참여하며 책 속 표현들을 반복하고 확장한다. 책에 있는 문장 중 "Timothy Pope is looking through his telescope.(티모시는 망원경으로 보고 있어)"라는 문장을 노출해 주고 싶어 집에 있는 장난감

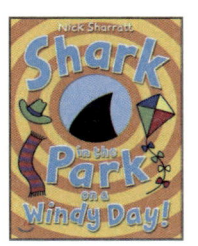

망원경을 들고 "I am looking through my telescope."라고 반복해서 사용했더니 쭈똑이도 망원경을 들고 같은 문장을 따라 하며 신나게 상어 찾기 놀이를 즐겼다. 모든 장면을 다 영어로 따라 하며 놀기가 부담스럽다면 이렇게 책에 나온 문장 중 하나를 골라 지속적으로 반복해 보기를 바란다. 한국어를 함께 쓰더라도 문제없다. 아이가 Shark! 라고만 외치고 다녀도 좋다. **시작부터 유창하게 말할 수는 없기에 완벽한 영어 구사를 목표로 하기보다는, 책 속 표현을 아이 수준에 맞게 선택하고 반복하며 의미 있는 문장 하나라도 입에 익히도록 도와주자.** 아이가 점차 책 속 표현을 자신의 상황에 맞게 바꾸어 말하게 된다면, 이는 영어 표현을 기억하는 수준을 넘어 자신의 말로 만들고 있다는 증거다. 그림책 한 권이 단순한 읽기를 넘어, 아이의 영어 말문을 열어주는 놀이터가 되는 것이다.

책을 활용한 발화 자극법

> 쭈똑맘의 팁!

Retelling(이야기 다시 말하기)

Retelling이란, 책을 읽거나 들은 후 그 내용을 자기만의 말로 재구성하여 전달하는 활동이에요. 본래 읽기 후 활동으로 많이 사용되고 있는데 Retelling은 단순히 내용을 되짚는 것을 넘어, 내용을 이해하고 요약하며 재조직해보는 과정 속에서 아이의 언어 능력 전반을 자극하는 역할을 해요.

특히 speaking과 writing으로 이어지는 학습 연결고리를 만들어 줄 수 있어, 책 한 권을 읽고 끝내지 않고 확장 활동으로 발전시키기에도 매우 좋은 방법이랍니다.

→ **아직 글이 익숙하지 않은 아이에게는 '그림 읽기'부터!**

원래 Retelling은 책을 다 읽은 뒤 글을 보지 않고 말하거나 써서 이야기 하는 것이지만, 아직 글이 익숙하지 않은 유아기 아이에게는 어렵게 느껴질 수 있어요. 쭈똑이도 처음부터 문장을 말하진 않았어요. 저는 책의 그림을 보며 Retelling하도록 유도했어요. 많이 봤던 그림책을 읽은 후에는, 책을 다시 펼쳐 그림을 보여주며 아래와 같은 질문을 던져보세요.

"Who is in the book?(책에 누가 있어?)"

"What is (주인공 이름) doing?(ㅇㅇ이가 지금 뭐하고 있어?)"

"What happened?(무슨 일이 일어났어?)"

"Where are they?(얘네들은 어디에 있어?)"

"What was the problem?(무슨 문제가 있었어?)"

"How did they fix it?(어떻게 해결했어?)"

"What will happen next?(그 다음엔 어떤 일이 일어날까?)"

질문에 대답을 못해도 괜찮아요. 그럴 땐 엄마가 다시 글을 읽어주며 힌트를 주면 되고, 아이가 단어 하나, 짧은 표현 하나만 말해도 격하게 반응하며 자신감을 북돋아주는 것이 중요해요.

→ 연결어로 말 잇기를 도와주세요

아이가 단어 수준의 말하기를 시작했다면, 그 다음은 말을 연결하는 힘을 기르는 단계예요. 이럴 때 다음과 같은 연결어를 반복해서 노출해주세요.

And then(그리고 나서)

Next(그 다음에)

After that(그 후에)

Finally / Lastly(마지막에)

이러한 연결어들을 활용해 아이가 한 말을 이어서 말할 수 있도록 유도해 보세요. 한 두 단어가 쌓여서 문장이 되고 나중엔 스스로 연결어를 쓰며 이야기를 재구성해 나갈 수 있어요.

→ 놀이처럼 접근해보세요

책 속 장면과 캐릭터 피규어를 활용해 "이 책을 ㅇㅇ이한테 읽어주자!"는 식으로 놀이처럼 접근하면 자연스럽게 말문을 열 수 있어요. 처음부터 완벽하게 말하는 걸 목표로 하기보다, 반복 노출된 책 중 한 장면이라도 아이가 스스로 말해보는 경험을 만들어주는 데 의의가 있답니다.

→ 영상과 연계된 리더스북을 활용하세요

Retelling 활동에 있어 영상과 연계된 리더스북은 아주 효과적인 도구예요. 이런 책들은 일반 그림책보다 문장 구조가 단순하고 반복적이라 아이가 말로 따라 하기 쉬울 뿐 아니라, 익숙한 영상과 연결되어 있다는 점에서 아이의 발화를 더욱 풍성하게 자극할 수 있어요.

예를 들어, Paw patrol 리더스북 시리즈는 책과 영상의 주요 장면이 거의 동일하게 구성되어 있지만 책은 내용이 굉장히 간단하고 함축적이에요. 영상에는 더 많은 장면과 대화가 담겨 있기 때문에, 아이는 책보다 오히려 더 많은 내용을 알고 있는 셈이지요. 그래서 아이가 나중엔 책에 쓰여 있지 않은 이야기까지 자연스럽게 덧붙여 말할 수 있어요.

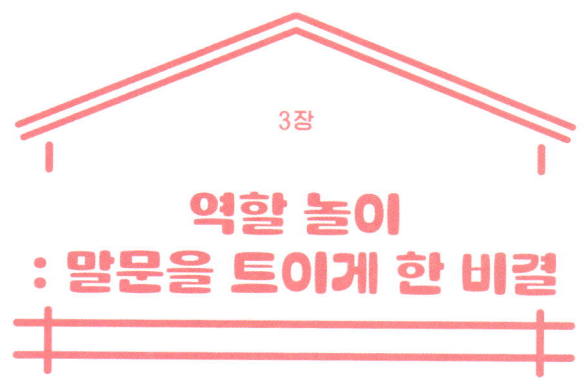

3장
역할 놀이
: 말문을 트이게 한 비결

쭈똑이는 두 돌 무렵부터 역할 놀이를 시작했는데 병원 놀이, 식당 놀이, 아이스크림 가게 놀이 등 다양한 상황을 설정하며 거의 매일 역할 놀이를 했다. 본격적으로 영어 영상을 노출하기 시작한 이후에는 영상 속 장면들을 그대로 재현하거나 변형하여 놀이로 확장해 나가는 모습을 보였다. 초기에는 한국어에 영어 단어 몇 개가 섞이는 형태로 발화하다가, 점차 외계어처럼 영어 억양만 따라 말하더니, 나중에는 영상에서 봤던 대사들을 조금씩 활용하며 의미 있는 문장을 구사하기 시작했다.

역할 놀이는 아이에게 자연스럽게 영어로 말할 기회를 제공하는 중요한 장이 된다. 특히 영어 영상 노출을 시작했다면 영상에서 본 내용들을 역할 놀이로 풀 수 있도록 환경을 한번 만들어줘 볼 것을 추천한다. 왜냐하면 쭈똑이의 영어 역할 놀이가 지금까지도 이렇게 깊어질 수 있었던 이유를 돌이켜보면, 아이가 좋아하는 캐릭터가 생겼을 때 관련된 장난감이나 피규어를 마련해주는 방식이 큰 영향을 미쳤다고 생각한다. 눈에 보이는 구체적인 아이템은 아이로 하여금 자발적으로 놀이를 시작하게 하고, 놀이 속에서 이야기를 구성하며 자연스럽게 영상에서 본 표현과 장면을 재현하게 만든다. 그래서 아이가 좋아하는 영상이 생기면 피규어를 하나씩 사주면서 역할 놀이를 할 때 사용할 수 있도록 해주는 게 지금까지도 영어 발화에 큰 도움을 주고 있다.

역할 놀이는 아이가 자신이 본 영어 영상을 놀이의 맥락으로 확장하여, 기억 속 장면을 재구성하고 표현해 보는 과정이다. 특정 캐릭터에 애착을 갖게 되면 캐릭터가 했던 말을 자신도 말해보고자 하는 동기가 높아지고, 이는 자발적 발화(output)로 이어지게 하는 촉진제가 된다. 모방은 초기 언어 습득에서 중요한 메커니즘 중 하나로, 특히 유아기의 아이들은 자신이 본 것을 그대로 따라 하며 언어와 행동을 흡수한다. 이때 역할 놀이는 단순한 흉내 내기가 아니라 상상력과 기억, 언어 사용이 통합된 고차원적 활동으로 발달하게 된다.

하지만 많은 부모가 공감하듯, 역할 놀이는 결코 쉬운 놀이가 아니다. 특히 영어로 아이와 놀아주려 하면 부담감이 커질 수밖에 없다. 그러나 역할 놀이에서 중요한 포인트는 아이에게 익숙한 상황과 장면을 현실에서 만들어 주는 것이다. 그래서 나는 아이가 병원 놀이 장난감을 들고 오면 Peppa Pig나 Maisy 책을 가져와서 옆에 펼쳐 놓고 살짝 보며 말하는 척 대사를 해주거나 아이가 정말 자주 하던 시장 놀이, 아이스크림 카트 놀이, 식당 놀이, 병원 놀이, 소방관 놀이, 경찰 놀이는 내가 미리 대사를 준비하기도 했다. 늘 같은 내용이 반복되다 보니 엄마도 어느 정도 장단을 맞춰주다 보면 입에 붙은 몇 마디에 리액션만 잘 해줘도 아이는 재밌게 놀이를 이어간다. 그리고 아이는 자신이 본 장면을 놀이 속에서 다시 구성해 보며 자연스럽게 영어 표현을 떠올리게 된다. 이러한 경험이 쌓이면, 어느 순간 아이가 혼자 중얼거리며 스스로 놀이를 주도하게 되는 시점이 찾아온다.

이처럼 역할 놀이는 아이의 영어 발화를 이끌어내는데 큰 도움을 주며, **영상 시청→ 모방을 통한 놀이 → 발화로 이어지는 자연스러운 흐름을 통해 말문을 트이게 만든다.**

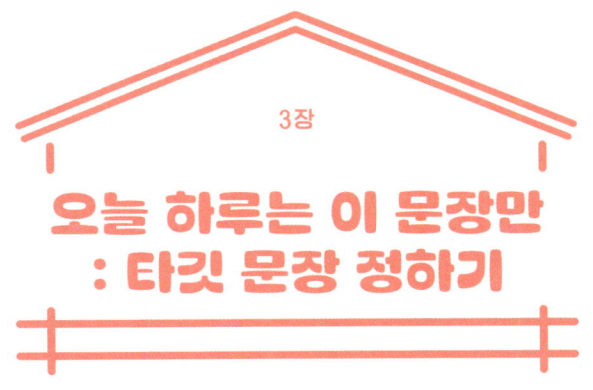

3장
오늘 하루는 이 문장만
: 타깃 문장 정하기

아무리 바쁜 워킹맘이라도 이왕 엄마표 영어를 하기로 마음을 먹었다면 아이와 영어로 상호작용하는 것에 두려움을 갖지 말고 도전해 보기를 바란다. 매일 하루에 한 문장이라도 정해 아이에게 영어로 이야기를 건네다 보면, 어느새 그 문장이 아이에게 자연스럽게 스며들고, 엄마의 입에서도 익숙하게 흘러나오게 된다. 꾸준한 반복이 쌓여 우리집 영어 환경을 만들고, 영어가 아이의 생활 속에 자연스럽게 자리 잡는 기초가 된다.

특히 언어 발달에 있어 '상호작용'은 단순 노출보다 훨씬 강력한 힘을 가진다. 영어 그림책을 읽어주고, 영어 영상을 보여주고, 영어 동요를 틀어주는 등의 노출 환경을 꾸준히 제공하는 것도 중요하지만 아이가 영어를 자신의 것으로 만드는 데에는 반드시 '의미 있는 상호작용'이 함께 이루어져야 한다고 생각한다. 즉, 아이는 영어를 듣기만 해서는 충분히 내면화하기 어렵고, 자신이 들은 말을 실제 상황 속에서 사용해 보고, 그에 대한 반응을 경험할 때 비로소 그 표현을 자기 언어로 받아들이게 된다.

영어든 모국어든, 아이의 언어 능력은 실제 사람이 눈을 마주치고 말을 건넬 때, 그리고 그 말에 반응하며 상호작용할 때 가장 활발하게 자라난다. 엄마가 아이에게 영어로 말을 걸고, 아이가 그 말에 반응하며, 엄마가 다시 그것을 받아주는 이 짧은 순간들이 언뜻 보기엔 단순한 일상의 한 장면처럼 보일 수 있지만, 아이의 뇌 안에서는 그 순간마다 언어 회로가 연결되고 확장되는 중요한 일이 벌어진다. 이처럼 언어는 단순한 암기가 아니라 사회적 상황 속에서 실제로 써보는 경험을 통해 살아 있는 소통의 도구로 자리 잡는다. 언어 상호작용은 말의 구조나 단어 그 자체를 가르치는 것이 아니라, 언어가 실제로 쓰이는 방식을 몸으로 익히는 과정이기 때문이다. 언어는 원래 소통을 위해 존재하는 것이기 때문에, 아이가 진짜 대화를 통해 언어를 써보는 경험을 반복할수록 더 자연스럽고 빠르게 언어를 습득하게 된다. 반복되는 짧은 상호작용, 사소해 보일 수 있는 하루 한두 문장의 교류가 결국에는 영어가 살아 숨 쉬는 도구로 자리 잡히는 데 큰 역할을 하게 된다.

영어 상호작용을 생활 속에서 실천하기 위해 가장 쉬운 방법으로는 매일 아이에게 사용할 수 있는 간단한 문장 두세 개를 미리 정해두는 방식을 추천한다. 나도 아이에게 알려주고 싶은 표현이 있으면 미리 준비해 두었다가 말해주고 나중에 같은 상황에서 반복해서 써주는 방식을 적용했는데 생각보다 정말 효과가 좋았다. 예를 들어, 아침에 머리를 묶어줄 때는 "Do you want pigtails today?(오늘은 삐삐 머리 하고 싶어?)"

"Hold still while I do your hair.(머리 묶어 주는 동안 가만히 있어.)"처럼 상황에 맞는 짧은 문장을 써주었다. 처음엔 아이가 "pigtail이 뭐야?"라고 말했지만, 양 갈래로 묶은 머리를 보여주면서 "Like this!"라고 말해주었더니 다음날 아이가 "Mommy, I want pigtails."라고 말했다. 이런 문장은 그날그날 일상에서 자연스럽게 사용할 수 있어 부담도 덜 하고, 아이도 문장과 단어를 맥락 안에서 이해하고 기억하기 훨씬 쉽게 해준다.

엄마가 조금씩 영어 사용에 익숙해지면 문장을 조금씩 늘려나가는 연습도 할 수 있다. 아이에게 매일 같이 하는 말인 "Put your toys back.(장난감 갖다놔.)"라는 문장이 입에 붙어 자연스럽게 나온다면 "Put your toys back where they belong.(장난감 원래 있던 곳에 갖다놔.)"라고 문장을 늘려서 말해볼 수도 있고 나중엔 "Everything looks much better when it's in the right place.(물건이 제자리에 있으면 훨씬 보기 좋지.)"까지 한 세트로 붙여서 말해보자. 처음에는 영어로 말하는 게 어색할 수도 있지만, 이렇게 구체적인 상황과 연결된 짧은 표현부터 시작하면 누구나 실천할 수 있다. 나도 꼭 써주고 싶은 표현이 있으면 포스트잇에 적어 화장대나 냉장고처럼 자주 보는 곳에 붙여두었다. 눈에 보일 때마다 사실은 메모한 문장을 읽고 있지만 마치 읽지 않는 듯이 말해줄 수 있기 때문이다. 하루에 한두 문장이라도 매일 꾸준히 아이와 영어로 상호작용하며 주고받는 시간을 만들어 가다 보면, 어느새 아이도 그 표현을 익히고 반복되는 상황에서 자연스럽게 사용하기 시작한다.

아이가 어느 정도 영어로 말하는 것이 가능해졌다면 의도적으로 특정 문장을 노출하는 것도 내가 효과를 본 방법 중 하나다. 어느 날 영상에서 "You're getting the hang of it.(이제 감을 잡았구나.)"이라는 표현이 나왔는데 아이가 새로운 보드게임을 잘하게 되었을 때나 무언가 연습을 하다가 잘하게 되었을 때마다 이 문장을 말해주었다. 그랬더니 어느 날 보드게임을 하다 같은 문장을 말했다.

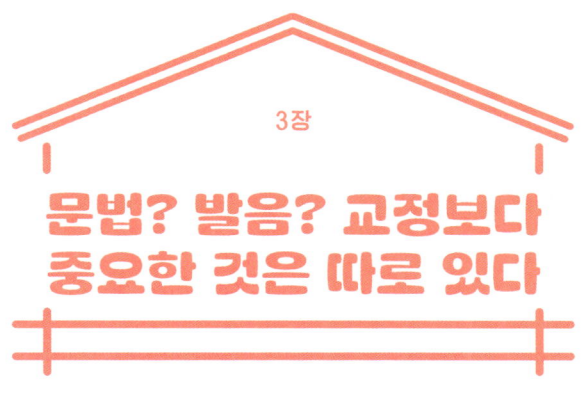

3장
문법? 발음? 교정보다 중요한 것은 따로 있다

"우리 아이가 계속 he went라고 안 하고 he goed라고 하는데 고쳐주는 게 좋을까요?", "th 발음을 자꾸 f처럼 해요. 이렇게 굳어지면 어쩌죠?" 와 같은 문법과 발음의 오류, 이걸 고쳐야 할지 말아야 할지에 대한 고민은 누구나 하게 된다. 아이의 영어 발화가 시작되면 엄마는 기쁘면서도 동시에 이런저런 생각도 많이 든다. 그 표현이 맞는 건지, 틀린 건지, 지금 바로잡아 줘야 하는지, 그냥 넘어가야 하는지 쉽게 판단이 서지 않기 때문이다. 하지만 이 시점에서 꼭 기억해야 할 것이 있다. 모든 언어는 실수를 통해 배운다. 아이의 언어 발달 단계에 따라 오류에 대한 교정 방법은 조금씩 다르겠지만 아이의 오류도 결국은 아이의 언어 성장 과정 안에 있는 것이다. 이런 아이의 실수, 오류는 언어 발달의 증거이다. 아이가 "He goed to the park."라고 말했을 때, 'goed'가 아니고 'went'라고 가르쳐 주었는데도 오류가 반복되면 엄마는 계속 의도적으로 고쳐주려할 것이다. 하지만 아이의 이런 발화는 오히려 아이가 언어의 규칙을 스스로 체계화하려는 긍정적인 신호다. 'go'라는 동사가 과거형이 필요하다는 개념을 이해했고, 다른 동사처럼 '-ed'를 붙이면 된다고 스스로 규칙을 적용해 본 것이다. 언어학에서는 이를 '과잉 일반화(overgeneralization)'라고 부른다. 이런 오류는 대부분 자연스럽게 사라지기 때문에 걱정하지 않아도 된다. 지속적인 입력을 통해 아이는 점점 더 정확한 형태를 사용하게 되기 때문이다. 즉, 'goed'에서 'went'로 가는 그 과정은 언어 발달의 일부이며, 부모가 그때마다 고쳐주는 것이 반드시 필요한 것은 아니다. 실제로 언어학자들은 이런 현상을 오히려 긍정적으로 본다. 언어 규칙을 받아들이고 스스로 문법을 적용하고 있다는 것을 보여주기 때문이다. 이때 오류를 즉각 지적하거나 지나치게 고치려 하면, 아이는 실수를 두려워하고 말 자체를 꺼리게 된다.

발음 오류 역시 마찬가지다. 예를 들어 'rice'을 'lice'라고 발음하거나, 'three'를 'free'라고 말하는 경우도 있다. 이 또한 음성기관의 발달과 영어 소리에 대한 지속적인 노출을 통해 점진적으로 개선된다. 아이가 아직 모든 음소를 정확히 구별하고 발음할 수 있는 시기가 아니기 때문이다. 생각해 보면 한국어 발음도 아직 완벽하지 않지 않은가! 쭈뚝이는 지금도 th발음을 하기 힘들어하는 편인데 아이가 말할 때 의미에 큰 방해가 되지 않는다면 굳이 지적하지 않고 넘어가는 편이다. 그런데 오류가 지속해서 반복될 때는 아이가 한 말을 그대로 다시 한번 반복하되 엄마가 th발음을 할 때 입 모양을 크게 해서 보여주는 것도 좋다. 이런 식의 모델링(modeling)과 영상, 음원을 통한 듣기 입력으로 아이는 점차 올바른 발음을 낸다. 무엇보다 중요한 건 자신감을 꺾지 않는 것이다.

아이가 발화했을 때 오류를 고치는 방식을 명시적 오류 수정과 암시적 오류 수정으로 구분할 수 있는데 Explicit Error Correction(명시적 오류 수정)이란 아이의 실수를 직접 지적하고 정답을 제공하는 방식이다.

예) 아이: He goed to the park.
엄마: No, say "went". Not "goed".

이 방법은 명확하지만, 너무 자주 사용하면 아이가 위축될 수 있다. 특히 자신감이 아직 형성되지 않은 초기 단계에서는 지양하는 것이 좋다.

반면 대부분 내가 사용하고 있는 오류 수정 방법은 아이의 말을 자연스럽게 되받아치며 올바른 표현을 들려주는 방식인 Implicit Error Correction(암시적 오류 수정)이다.

예) 아이: He goed to the park.
엄마: Oh, he went to the park? That sounds fun!

이 방식은 아이의 말에 동의해 주면서도 올바른 표현을 전달하는 방법(Recast)이다. 암시적 오류 수정은 아이들이 부담 없이 올바른 표현을 익히는 데 효과적이다. 특히 어린아이들의 경우 정확성이 떨어지는 건 정말 당연한 일이기 때문에 오류에 대해서 너그러운 마음을 가지고 접근했으면 좋겠다. 오류에 대한 접근은 타이밍과 방식이 중요하다. 즉각적인 교정보다 자연스러운 반복 입력이 더 좋고 특히 아이가 말할 때마다 "틀렸어.", "그거 아니야."라고 반응하면, 아이 입장에서는 위축감이 들고 발화를 점점 줄이게 된다. 영어가 틀려선 안 되는 것, 부담스러운 것이 되어 버리면 본래의 상호작용 목적을 잃게 된다.

문법과 발음 교정보다 더 중요한 것은 영어가 계속 흘러나오도록 돕는 환경이다. 지속적인 듣기 노출, 의미 있는 상호작용 속에서 아이는 자신만의 속도로 영어를 흡수하고 정제해 간다. 아이가 스스로 표현해 보고, 실수해 보고, 다시 말해보는 과정을 믿어주는 것이 부모의 역할이다. 오류 교정은 그 여정을 함께 걸으며 아이가 넘어지지 않도록 살짝 손을 내밀어 주는 정도로 충분하다. 아이의 문법과 발음은 성장하는 중이기 때문에 그 성장을 가로막지 않도록, 너무 이른 개입보다는 충분한 기다림과 꾸준한 인풋으로 반응하자. 틀려도 괜찮다는 안정감을 주고, 자연스러운 표현 노출을 통해 아이 스스로 발견해 가는 힘을 길러주자. 그것이 아이의 영어를 진짜 자기 언어로 만들어 주는 길이다.

"I've been chased by the zebra." 쭈똑이가 이 문장을 말했을 때, 나는 속으로 놀랐다. 예전에는 "Zebra chased me."정도 수준의 말하기였는데 시간이 흐르며 "I was chased by the zebra."로, 결국에는 "I've been chased by the zebra."까지 복잡한 문장 구조도 머릿속을 거치지 않고 거리낌 없이 입 밖으로 나왔기 때문이다. 사실 이 문장은 '현재완료 수동태'라는 꽤 복잡한 구조다. 실제로 중학교 3학년 수업 시간에 가르치고 있는 문법이고 학생들은 학교에서 배운 다음에도 실제 문장에 적용하는 것을 어려워하고 있다. 게다가 시험을 위한 암기로만 익힌다면 실전에서 말하기는 더더욱 어려울 것이다. 그런데 이 말을 한 사람은 7살 아이다. 수동태니, 현재완료니 하는 용어는 당연히 모른다. 그럼에도 이 복잡한 문장을 만들어 냈다는 것은 단순한 기적이 아니라, 의미를 말하고 싶었기 때문이다. chase라는 동사를 이미 여러 번 써본 적이 있고, be chased로 표현되는 장면도 꾸준히 노출되어 있었기에, 그날 그 말은 그저 하고 싶은 말이었을 뿐이다. 문법이 아니라 메시지가 문장을 이끈 셈이다. 즉, '얼룩말에게 쫓겼다.'라는 경험을 말하고 싶은데, chase 하나로는 부족하다는 것을 스스로 느낀다. 그래서 과거에 쫓겼고, 그 여운이 지금도 남아 있다는 뉘앙스를 담기 위해 현재완료 수동태라는 구조가 필요해진 것이다. 아이들은 시간이 지나면서 더 정확하게 말하고 싶어 한다. "I was chased."라고 말했다가, 영어 노출 시간이 쌓이게 되면 나중에는 "I've been chased by the zebra."라고 말한다. 따로 가르치지 않았음에도, 점점 더 복잡한 구조를 사용하게 되는 것이다. 이처럼 문법은 머릿속에 암기된 것이 아니라, 내 생각을 더 세밀하게 전달하기 위해 꺼내 쓰는 도구다. 그리고 아이는 그 도구를 자신이 필요할 때 자연스럽게 선택하고 조합해 낸다. 스피치 대회를 위해 줄줄 외우는 말하기는 입 밖으로 소리는 낼 수 있을지 몰라도, 그 말이 온전히 자기 생각과 감정을 담고 있는 경우는 드물다. 반면, 아이가 생활 속에서 필요한 순간에 스스로 꺼내는 한마디는 비록 문법적으로 완벽하지 않더라도 진짜 언어다. 그 말속에는 상황에 맞게 어휘를 고르고, 말하고 싶은 의도를 정리하고, 상대에게 전하고자 하는 마음이 담겨 있다. 이러한 과정을 반복하면서 아이는 진정한 영어 말하기 실력을 쌓아간다. 이러한 발달에는 모국어도 큰 역할을 한다. 아이가 한글로 "나 얼룩말한테 쫓겼었어."라는 식의 말하기가 가능할 정도의 사고력이 뒷받침되어야 영어로도 그 구조를 따라갈 수 있다. 다시 말해, 모국어에서의 사고 구조가 잘 잡혀 있어야 영어 문장도 깊이를 가진다. 엄마표 영어를 할 때, 모국어도 함께 챙겨야 하는 이유가 바로 여기에 있다. 모국어가 튼튼한 아이는 영어로도 자기 생각을 더 다양하고 풍부하게 표현할 수 있다.

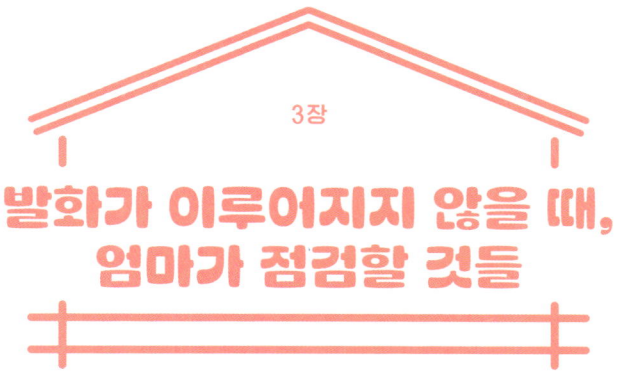

3장
발화가 이루어지지 않을 때, 엄마가 점검할 것들

 유아기의 아이가 영어를 습득하기 위해서는 '듣기'가 가장 먼저 이루어져야 한다. 모든 언어 습득은 듣기에서 출발한다. 그러나 듣기만으로 곧바로 말문이 트이기를 기대하는 것은 무리다. 언어 습득 과정에는 '침묵기(Silent Period)'가 존재하는데, 이는 자연스러운 현상이다. 다만, 이 침묵기가 지나치게 길어지거나 발화가 오랫동안 이루어지지 않는다면 초기 이해 단계에서 오래 머물러 있거나 말하기 시작 단계에서 좀처럼 진행이 안 되는 단계일 것이다. 몇 가지 점을 점검해 볼 필요가 있다.

1. 듣기 노출 시간이 충분한가?

 하루에 짧은 영상 하나를 보여주고 노래 몇 곡을 들려주는 것만으로는 듣기 노출이 충분하다고 보기 어렵다. 맥락 속에서 소리와 의미를 연결해주는 이해 가능한 입력(Comprehensible Input)이 충분한 시간 동안 반복적으로 이루어져야 한다. 영상과 책, 상황과 연결된 노래, 이전에 들었던 영상의 음원 등을 활용하여 양질의 인풋을 충분히 채워나가는 것이 중요하다. 쭈똑이의 경우 영어를 처음 노출했을 때부터 지금까지 하루의 2시간 이상 매일 매일 듣기 노출을 해주고 있다.

2. 따라 할 수 있는 영상을 보여주고 있는가?

아이가 실제 생활에서 활용할 수 있는 문장이 포함된 영상을 제공하고 있는지 점검해야 한다. 예를 들어, 상상 속 세계나 판타지 중심의 영상은 재미는 있지만 일상 영어 표현이 적다. 반면 일상생활을 소재로 한 영상은 아이가 들은 문장을 말할 기회를 자주 제공한다. 말을 배우기 시작한 아이들은 점점 복잡한 표현까지도 모방하게 되는데, 주변 환경에서 관찰한 행동을 나중에 재현하는 모방도 상당히 자주 나타나는 게 발달적 특징이다. 따라서 영상에서 본 상황을 현실에서 마주하게 되면 영어로 재현할 가능성이 크다. 내가 영상 노출할 때마다 캐릭터 피규어를 사는 이유가 이것 중 하나다. 특히 18개월 이후부터는 모방 능력이 빠르게 발달하므로, 아이는 영상 속 상황을 실제 놀이로 재현하면서 자연스럽게 따라 할 수 있다.

3. 맥락 없는 흘려듣기나 동요 위주로만 노출하고 있지 않은가?

맥락 없이 흘려듣는 소리는 아이에게 단순한 배경음이나 소음이 될 수 있다. 의미를 파악하지 못한 상태에서 듣는 동요 또한 마찬가지다. 가사를 따라 부르더라도 실제 발화로 이어지지 않는 경우가 많다. 이야기가 있는 영상이나 책처럼 맥락 속에서 의미와 연결된 소리를 반복적으로 노출해야 한다.

4. 말할 기회를 제공하고 있는가?

부모가 영어를 거의 사용하지 않아도 발화로 이어지는 아이들이 있겠지만, 부모의 영어 사용이 아이에게 언어 자극이 되는 경우가 더 많다. 하루 중 일부 상황이라도 영어로 말하는 환경을 조성해 보자. 예를 들어, 옷을 갈아입을 때나 씻을 때처럼 특정 상황을 정하고, 그 상황에서만큼은 영어를 사용하는 것이다. 이를 위해 앞서 언급한 것처럼 포스트잇에 문장을 적어 눈에 잘 보이는 곳에 붙여두는 방법도 유용하다. 아이 입장에서는 엄마 아빠한테 한국말로 하면 다 통하고 편한데 굳이 영어로 말할 이유가 없다. 그런데 엄마가 영어로 말을 꺼내면 '어라 우리 엄마가 영어로 말하네? 오 그렇다면 나도?' 하며 말하고 싶은 동기를 자극한다. 그리고 이는 어릴수록 더 잘 통한다.

5. 듣기가 충분히 채워지기 전에 문자를 강요하고 있지 않은가?

또래 아이가 혼자 영어책을 읽는다고 해서 조급함을 느끼고, 듣기 입력이 충분히 이루어지기도 전에 읽기나 암기형 스피치를 요구한다면 학습 중심의 접근으로 전환되기 쉽다. 습득을 통한 아웃풋이 나오기 전에 이미 학습에 치우친 것이다. 자연스러운 언어 습득이 이루어지기 전에는 읽기보다 듣기를 우선시하고, 아이의 발화를 기다리는 것이 필요하다.

6. 꾸준히 실천하고 있는가?

영어 노출은 단거리 경주가 아닌 장기전이다. 하루하루의 루틴 속에서 영어 노출을 꾸준히 실천해 나가는 것이 핵심이다. 거창한 계획보다 작지만 지속 가능한 실천이 더 효과적이다. 초등 저학년까지의 노력이 향후 학습에 큰 자산이 될 수 있다는 점을 염두에 두고, 일상 속 영어 환경을 안정적으로 만들어 나가야 한다.

4장

습득으로 시작해서
학습으로 다져가는 영어

소리 습득을 바탕으로 읽기로 확장해 나가는 단계별 접근법

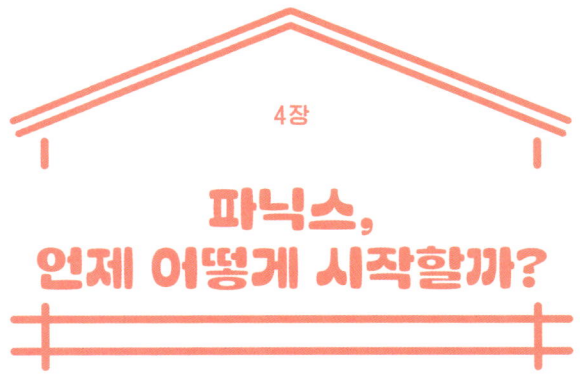

4장
파닉스, 언제 어떻게 시작할까?

한국 영어 교육에서는 유독 파닉스를 빠르게 시작하는 것이 성공적인 영어 학습의 지름길처럼 여겨지는 것 같다. 영어를 배우기 시작하면 당연히 파닉스를 먼저 떼야 하고, 영어 단어를 소리 내어 정확히 읽을 수 있어야 한다고 생각하는 경우가 많다. 그러나 아이의 언어 습득 발달과 실제 영어 사용 능력을 고려해 볼 때, 이런 조급한 접근은 오히려 장기적으로 영어에 대한 흥미를 잃게 만들거나, 의사소통 능력 없이 문자에만 집중된 학습으로 이끌 수 있다.

파닉스란 알파벳의 소리(음가)를 배우고, 그 규칙을 통해 낱말을 읽는 방법을 익히는 학습이다. 물론 영어 읽기를 위한 기초로 파닉스는 중요하다. 그러나 그것이 영어 노출의 첫 단추가 되어서는 안 된다. 진짜 중요한 것은 이전에 얼마나 '소리'를 충분히 들었는가이다. 소리를 충분히 듣지 않은 채 글자부터 배우게 되면, 아이는 알파벳을 연결해 소리를 낼 수는 있지만 그 단어가 어떤 의미인지 이해하지 못한다. 결국 'apple'이라는 단어를 읽을 줄은 알아도, 그 단어를 보고 머릿속에 사과 이미지가 자연스럽게 떠오르지 않는다면, 파닉스는 의미를 잃는다. 듣기가 쌓인 아이는 읽을 준비가 되어 있다. 영어책을 읽을 수 있는 진짜 준비는, 바로 귀에 얼마나 영어가 차곡차곡 쌓여 있는가에 달려 있다. 많은 시간을 들여 영어를 듣고, 일상에서 자주 접하는 표현을 의미와 함께 받아들인 아이는 글자를 읽었을 때 이미 알고 있던 의미 있는 소리와 연결할 수 있다. 아이가 "Let's go!"라는 표현을 수없이 들어서 익숙할 때, 책에서 그 문장을 읽으면 '이게 그 말이구나!' 하고 의미와 소리를 동시에 인식하게 된다. 반대로, "Let's go."를 파닉스 규칙으로만 읽을 수 있게 된다면 아이는 '렛츠 고.'라고 발음은 하겠지만, 그게 실제 상황에서 언제 쓰이는 말인지는 모른다.

즉, 파닉스는 이미 입력(Input)이 어느 정도 채워졌을 때, 그 입력과 문자를 연결 짓기 위한 도구로써 사용되어야 진정한 학습 효과를 발휘한다. 이때 말하는 입력은 단순한 흘려듣기가 아니다. 영상, 책, 일상 대화 속에서 반복적으로 접한 단어들이 아이의 귀에 익고, 상황과 연결된 맥락 속에서 의미가 축적되어야 한다. 따라서 파닉스를 시작하는 시점은 아이가 한글을 읽기 시작하면서 기초적인 문자 읽기 능력이 형성되고, 영어 소리가 꽤 쌓여 있는 시기여야 한다. 그래야 소리와 문자를 연결하면서 이해 기반의 파닉스 학습이 가능해진다. 쭈똑이가 현재 7살인데 본격적인 파닉스는 한글 문장을 읽을 수 있게 된 6세 후반부터 시작했다.

4, 5살에 영어 파닉스를 배우며 책 읽는 아이들 모습이 담긴 인스타그램

피드를 보면 "어떻게 영어를 잘하게 되었나요?"라고 묻는 댓글도 심심치 않게 보인다. 물론 아이마다 속도가 다르기 때문에 스스로 파닉스를 뗄 수도 있고, 본인이 너무 읽고 싶어 하는 욕구가 크면 가르쳐줄 수 있지만 나는 '영어를 읽는 게 영어를 잘하는 거라고?'라는 반문이 들었다. 그리고 '우리 애도 파닉스를 시작해야 하나?'와 같은 조급함이 전혀 들지 않았던 이유는 단 하나다. 적기가 아니라고 생각했기 때문이다. 내가 가르치는 학생 중에 영어 문자를 못 읽는 학생은 단 한 명도 없다. 하지만 영어 듣기와 말하기가 자유로운 학생은 드물다. 적어도 6세까지는 영어 듣기 노출이 먼저지 파닉스를 배우는 게 먼저가 아니다. 지금 부모들 세대가 어떤가. 다들 영어를 읽을 줄은 알지만 대부분 듣기와 말하기에는 어려움을 느낀다. 나는 어린아이들이 영어 귀와 입이 트이는 이 아까운 골든타임을 파닉스로 허비하지 않았으면 좋겠다. 실제로 요즘 쭈똑이와 파닉스 및 영어 읽기를 해보니 천천히 해도 전혀 지장이 없다는 생각이 든다. 오히려 인지 능력이 발달하고 그에 맞게 문자를 받아들일 수 있는 시기가 되니 열 번 설명할 거 한 번만 설명하면 되고 배우는 속도도 빠르다.

또한 파닉스를 배우지 않고도 영어 소리에 충분히 노출된 아이들은 자연스럽게 통 문자를 익히는 경우도 많다. 반복적으로 들은 단어를 시각적으로도 접하면서 단어의 전체 모습을 하나의 이미지처럼 기억하는 것이다. 이렇게 습득된 단어는 후에 파닉스 규칙을 배울 때 더 빠르고 수월하게 연결되며, 의미 기반의 학습으로 이어진다. 한번은 5살에 파닉스 수업을 들었는데, 1년 동안 배웠음에도 불구하고 여전히 잘 읽지 못해 또다시 수업을 등록하는 게 과연 맞는지 고민하는 엄마의 이야기도 들은 적이 있다. 이는 시간과 비용의 낭비일 뿐 아니라, 아이에게 '나는 영어를 잘 못한다.'라는 부정적인 인식을 심어주어 영어 정서에 안 좋은 영향을 끼칠 수도 있다. 실제로 내가 가르쳤던 학생 중 두뇌도 명석하고 수학, 과학 성적이 늘 1등급이던 학생이 있었는데 정말 안타깝게 이 학생의 영어성적은 늘 6~7등급이었다. 왜 수학만 공부하고 영어 공부는 안 하냐고 했더니 학생이 하는 말이 자기는 6살에 영어 학원에 처음 가서 파닉스부터 배우기 시작했는데 그때부터 영어는 재미없게 느껴졌다고 했다. 초등학교 때까지는 엄마 때문에 시키는 대로 멋모르고 하다가 중학교 때부터는 재미가 없어서 영어 공부를 아예 놔버리게 되었다는 것이다. 이 얘기를 들으니 너무 안타까웠다. 수학, 과학이 1등급인데 현실적으로 수능 1년 앞두고 영어를 1등급으로 만들기는 너무 어렵지 않은가. 영어로 입시의 길이 좁아져 버린 것이다.

  영어 소리 노출이 적은 아이에게 파닉스를 가르치는 것은 두 돌도 안 된 아이를 붙잡고 가나다라를 가르치는 것과 다를 바가 없다. 소리 노출이 적은 아이가 문자를 읽기엔 당연히 어렵고 재미없을 수밖에 없다. 설사 어릴 땐 잘 따라올지라도 영어의 시작을 너무 이른 시기에 문자 학습으로 시작한다면 어쩌면 내 제자처럼 정말 영어 공부가 필요한 시기에 지쳐서 놔버릴지도 모르겠다. 나는 차라리 그 시간에 재미있는 영어 영상과 책을 실컷 보는 것이 훨씬 더 효과적이라 생각한다. 영어를 읽는 것은 집중해서 배우면 터득할 수 있지만 읽을 수 있다고 해서 무조건 영어를 사용할 수 있는 능력이 향상되는 건 아니다. 파닉스는 분명 배워야 하겠지만 영어 소리 노출이 충분하고 사용할 수 있는 능력이 있으면 단기간에 익히는 건 전혀 어렵지 않다. 조급함을 내려놓고, 영어는 소리로부터 시작된다는 본질을 기억해야 한다. 파닉스의 시작 시기를 아이의 발달 속도에 맞춰 유연하게 조절하는 것이 진정한 영어 학습의 출발점이 될 것이다.

요즘 하도 문자 교육 시기가 빠르다 보니 주변에서는 쭈똑이가 이미 파닉스를 떼고 영어 읽기도 잘할 것이라고 생각했다. 아마도 영어 말하기가 자연스러워서 그렇게 생각하지 않을까 싶었지만 생각해 보면 이 나이 때는 아직 한글도 다 완벽하지 않을 때이고 대부분의 아이들이 한글 읽기를 조금씩 시작할 때인데 왜 영어도 당연히 읽을 줄 알아야 한다고 생각하는지 모르겠다. 영어는 외국어이지 않은가! 한국어와 노출량을 비교해 보면 비교하기가 무색할 만큼 한국어 노출이 압도적으로 많다. 그동안 얼마나 많은 한국어를 들었을 것인가? 반면 영어는? 노출량으로 따지면 한국어에 비해 턱없이 적다. 이런 외국어인 영어를 한글과 똑같이 다 읽을 줄 알아야 한다니 너무한단 생각이 들었다. 쭈똑이의 경우 6살 후반 정도 되어서야 완벽하지 않지만, 어느 정도 한국어 읽기가 가능해져서 이때부터 파닉스와 리더스북을 활용한 영어 학습을 시작하며 습득 위에 학습을 하나씩 얹어나가기 시작했다. 조급한 마음을 비우고 듣기를 통해 충분히 습득할 수 있는 시간을 마련해준 뒤에 학습을 시작해도 늦지 않다.

쭈똑맘의 팁!

재미있는
파닉스 놀이

음가 기차 만들기

집에 있는 알파벳 교구를 길게 늘어뜨리며 알파벳 기차를 만들어 보세요. 기차를 만든다는 것만으로도 아이에게 재미있는 놀이가 될 수 있어요. 이때 알파벳을 하나씩 놓으며 음가를 입으로 말할 수 있도록 유도해 주세요. 또한 아이가 음가 조합이 된다면 단어를 길게 만들며 이어 나가도 좋아요. 가끔 엉뚱한 단어가 조합이 되기도 하는데 그것이 또 이 놀이의 큰 재미가 될 수 있답니다. 이 활동은 파닉스 교재 없이도 얼마든지 가능해요. 엄마가 포스트잇에 알파벳을 써도 되고 자석 교구나 블록을 활용해도 좋아요. 단모음뿐만 아니라 이중자음이나 이중모음 음가를 써서 확장할 수 있어요. 처음에는 단순하게 음가 하나씩 연습하다가 더 다양한 단어 만들기 놀이로 자연스럽게 넘어가면 됩니다.

음가 낚시 놀이

자석 낚시 놀잇감을 활용해서 음가 낚시 놀이를 해보세요. 알파벳 자석을 늘어뜨려 놓고 낚싯대를 활용해서 음가를 부르면 해당 알파벳을 잡는 거예요. 예를 들어, "/s/!" 하고 소리를 내면 아이는 'S'를 찾아 낚아 올립니다. 이때 "맞았어! /s/ for sun!" 하고 반응해 주면 아이의 즐거움도 커져요.

처음엔 엄마가 음가를 불러주고, 익숙해지면 아이가 소리를 내보고 엄마가 낚아보는 역할 바꾸기도 좋아요.

음가 낚시가 익숙해지면 단어 낚시로 확장해 보세요. 낚은 알파벳으로 단어를 만들며 연결해 보는 거예요. "/c/ /a/ /t/ 낚았으니까… CAT 완성!"

음가 아이스크림 놀이

트윈클 사이트(https://www.twinkl.kr)에서 'alphabet ice cream'이라고 검색하면 무료로 내려받을 수 있는 예쁜 알파벳 아이스크림 자료들이 많이 있어요. 저는 이 자료를 아이와 아이스크림 가게 역할 놀이를 할 때 활용했어요. 대문자 콘이랑 소문자 아이스크림이랑 매칭 놀이를 해도 좋고 엄마가 아이에게 음가를 불러주며 아이스크림을 주문해도 재미있어요. 엄마가 음가 소리를 내며 "/d/ 아이스크림 하나 주세요."라고 주문하면 아이는 'd'가 적힌 아이스크림을 골라 건네줍니다.

아이가 이 놀이에 익숙해지면, 단어 만들기로 확장할 수도 있어요. "저는 아이스크림 세 스쿱 주세요. /d/, /o/, /g/요!"

아이가 각각의 음가 아이스크림을 고르면 함께 말해봐요. "/d/ /o/ /g/…

dog! 아이스크림이요~!"

음가를 하나하나 부르며 단어를 완성해 가는 과정은 아이가 음가를 자연스럽게 조합해보는 좋은 연습이 됩니다. 아이스크림이라는 친숙한 주제와 역할 놀이가 결합 되면 아이도 부담 없이 즐기며 음가를 익힐 수 있어요.

첫소리 바꾸기 놀이

실제 활용 장면보기

이 놀이의 핵심은 하나의 소리만 바뀌는 단어(minimal pair)들을 반복해 보며 파닉스 규칙을 자연스럽게 익히도록 도와주는 거예요.

예를 들어, 아이가 −ing 소리를 배웠다면, 단어의 뒷부분은 그대로 두고 앞의 자음만 바꿔가며 연습합니다.

king / wing / sing / ring처럼 첫소리만 바꾸어 읽는 연습을 하는 거죠. 이렇게 연습하게 되면 −ing가 들어가는 여러 단어를 읽어보면서 파닉스 규칙을 이해하고, 스스로 단어를 만들 수 있게 돼요.

저는 알파벳 자석 블록을 활용했지만 포스트잇만 있어도 충분해요.

예를 들어 오늘의 타깃 소리가 −ing라면:
→ 종이 한 장에 'ing'
→ 다른 종이엔 'k', 'w', 's', 'r'등을 적습니다.

그리고 나서 'k + ing', 's + ing' 이런 식으로 반복하며 음가와 단어를 연결해 봅니다.

저는 아이랑 암호 풀기 놀이처럼 활용하기도 하고 학교 놀이할 때 퀴즈 시간이라며 활용했어요. 특히 파닉스 교재에서 배운 음가를 복습하는 용으로 활용하면 효과가 좋아요. 예를 들어 -ug를 배웠다면 해당 페이지에 bug, hug, jug, mug, rug 등의 단어가 나와 있어요. -ug는 고정하고 앞 자음만 바꿔서 놀이로 복습하는 거죠.

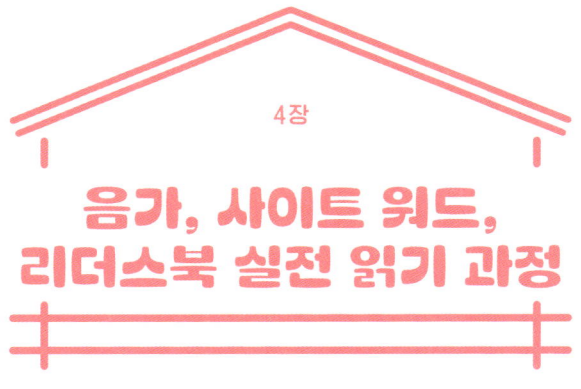

4장
음가, 사이트 워드, 리더스북 실전 읽기 과정

읽기의 가장 기초는 소리와 글자의 관계를 이해하는 것이다. 먼저 알파벳 하나하나가 갖는 기본 음가를 익히고, 자주 쓰이는 음가 규칙을 하나씩 배워간다. 예를 들어 'a'는 /æ/, 'b'는 /b/와 같은 소리다. 단순히 알파벳 노래로 이름을 외우는 것이 아니라, 각 음소(phoneme)를 인지하고, 이를 다양한 단어 속에서 반복적으로 들어보는 것이다. 이때 시각과 청각을 동시에 자극하는 자료를 활용하면 좋은데 음가를 배울 때는 아이가 직접 들어보고, 입으로 따라 소리를 내보면 효과가 좋기 때문이다. 알파블록스 영상은 음가와 각 음가의 조합을 배우기에 좋아서 파닉스를 시작할 무렵 자주 보여주었다. 공식 홈페이지(https://www.learningblocks.tv/alphablocks/home)에 들어가면 에피소드를 무료로 볼 수 있고 다양한 활동 자료들도 다운받을 수 있다. 영상이 조금 익숙해졌을 무렵 'Alphablocks world' 앱을 활용할 수 있다. 유료 앱이지만 비용이 저렴하고 영상은 물론 각종 게임을 통해서 파닉스에 친숙하게 해줄 수 있다.

아이가 음가를 익히고 나면 파닉스 교재를 하나 선정해서 순서대로 배워 나가면 좋은데 대부분의 파닉스 교재는 CVC 단어(cat, big, sun 등)부터 시작해서, 장모음 규칙, 이중자음, 이중모음으로 점차 확장되기 때문에 시중의 교재 중에서 아이의 스타일에 맞는 것으로 고르면 된다. 나는 음가, 챈트, 쓰기, 읽기, 게임 등을 진행할 수 있는 『Smart Phonics』 교재를 사용했다. 특히 이 교재는 사이트(https://www.esmartcampus.co.kr/main/index)에서 선생님 회원가입(일반 선생님/ 엄마, 아빠표 학부모님)을 하면 E-book으로 종이 교재를 똑같이 볼 수 있어서 바로바로 소리를 들려주기 쉽다. 또한 영상 및 플래쉬 카드 등 각종 활동 자료들이 직관적으로 사용하기 좋게 구성되어 있어 꼭 함께 활용하기를 추천한다. 학부모 가이드도 어떻게 교재를 노출해야 하는지 챕터별로 상세하게 설명되어 있어서 좋다.

그리고 알파블록스나 립프로그 등의 파닉스 영상을 교재 진도에 맞게 함께 보여주는 것도 큰 도움이 된다. 쭈똑이 같은 경우는 넘버블록스는 참 좋아했지만 아쉽게도 알파블록스 영상에는 그다지 큰 흥미를 보이진 않았다. 그래서 『Smart Phonics』 교재에서 어려워하는 부분만 알파블록스 영상을 보여주며 복습했더니 효과가 좋았다. 예를 들어 아이가 'cape'와 같이 '매직 e'가 나오는 단어를 읽기 어려워하면 해당 부분의 알파블록스 영상을 노출해 주는 것이다.

파닉스 과정을 하다 보면 아이들이 어려워하기 마련이다. 왜냐하면 파닉스라는 것이 모두 규칙에 적용되는 것이 아니라 예외가 굉장히 많기 때문이다. 그래서 이때의 포인트는 '외우는 것'이라기보다 '익숙해지는 것'이다.

이를 위해서 파닉스 교재만 활용하기보다는 파닉스 관련 영상과 사이트 워드, 읽기 쉬운 책을 함께해 나가는 것을 추천한다.

파닉스 규칙으로 읽을 수 없는 불규칙한 단어들은 사이트 워드(Sight Words)로 익히면 한결 수월하다. 예를 들어 the, said, was, come 등은 자주 쓰이지만, 파닉스 규칙으로 바로 읽을 수 없는 단어들이다. 이 단어들이 의미 단위로, 하나의 이미지처럼 머릿속에 저장 되게 하려면 따로 암기하기보다는 문장 속에서 자주 보고 반복적으로 접하는 게 좋다. 특히 리더스북은 쉬운 단계일수록 짧은 문장을 반복하기 때문에 He was~, She was~ 등의 문장을 반복해서 볼 수 있도록 책을 함께 활용해 주어야 한다.

나는 가끔 사이트 워드 카드를 활용해서 게임을 하기도 했는데 사이트 워드를 20장 정도 펼쳐 놓은 다음 한 사람이 단어를 부르면 나머지 중 빨리 단어를 찾는 사람이 카드를 가져오고 가장 많은 카드를 가져오는 사람이 이기는 게임이다. 단어를 부르는 사람 역할을 아이가 하면 훨씬 더 효과적인데, 누가 시키지 않아도 게임을 통해 자연스럽게 사이트 워드를 눈으로도 보고 입으로도 말해볼 수 있기 때문이다. 또는 더 간단하게 사이트 워드 빙고 게임을 할 수도 있고 집안 곳곳에 사이트 워드 카드를 숨겨두고 찾을 때마다 소리 내어 읽는 게임도 해볼 수 있다.

아이에게 파닉스 규칙으로 설명하기 어려운 단어를 하나하나 가르치는 것은 설명하는 사람도 힘들 뿐만 아니라 듣는 아이도 이해되지 않는 경우가 많다. 파닉스는 규칙으로 다 설명할 수 없는 경우가 많은데, 사실 이러한 것들은 너무 규칙을 알려주기 위해 애쓰기보다는 책을 통해 자꾸 읽다 보면 저절로 알고 넘어간다. 그래서 단어 단위의 파닉스 훈련이 어느 정도 진행되었으면, 문장 단위의 읽기를 병행하는 것이 좋다. 이때 활용하는 것이 짧고 단순한 리더스북이다. 문장 구조는 간단하되, 반복성과 예측 가능성이 높은 책이 좋다. 예를 들어, 'I am running. I am swimming. I am jumping.'과 같은 문장들이 계속 반복되는 구조의 책을 말한다. 이 단계에서 가장 중요한 것은 듣기→따라 읽기의 반복 학습이다.

쭈똑이 같은 경우 노부영 사이트워드, ORT 등의 리더스북을 활용하고 있는데 먼저 문장을 듣고 난 후 따라 읽어보고 마지막에는 다시 혼자 읽어보는 순서로 연습하고 있다. 제일 처음에 시작할 때는 아이에게 자신감을 줄 수 있도록 아주 짧은 책부터 부담 없이 시작하기를 추천한다. 이 과정을 충분히 반복하면 아이는 파닉스 규칙에 적용되지 않는 단어들도 굳이 규칙을 생각하지 않고 통 문자로 읽게 되고 영어의 문장 구조를 익히며, 읽는 리듬과 억양도 자연스럽게 터득할 수 있다. 또한 따라 읽기는 내 입으로 직접 말해보는 과정이다. 들은 문장을 내 입을 거쳐 소리 내보는 과정에서, 읽기와 말하기 능력을 동시에 키울 수 있다.

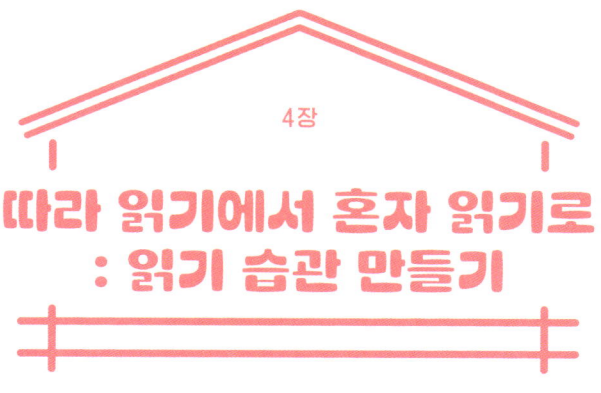

4장
따라 읽기에서 혼자 읽기로
: 읽기 습관 만들기

집중 듣기란 영어 음원을 들으며 책의 글자를 함께 읽는 활동을 말한다. 단순히 소리를 흘려듣는 것이 아니라, 글자를 눈으로 따라가며 소리와 함께 인지하는 것이다. 쭈똑이와 해보니 확실히 읽기에 도움이 되는 활동이라고 말하고 싶다. 집중 듣기는 다음과 같은 여러 가지 장점이 있다.

먼저, 문자 읽기 능력이 향상된다. 음원을 들으며 글자를 따라 읽는 과정에서 소리와 글자의 연결이 빨라진다. 파닉스를 완벽히 익히지 않았더라도, 어떤 글자가 어떤 소리로 나는지를 자연스럽게 익힐 수 있다. 특히 파닉스 규칙에 적용되지 않는 단어들이나 묵음이 있는 단어의 경우 소리와 글자를 자꾸 보다 보면 자기도 모르게 발음을 기억할 수 있게 된다. 예를 들어 쭈똑이는 집중 듣기를 통해 ORT에 자주 등장하는 'knight'를 많이 접하게 되었고 이 단어에서는 'k'가 소리 나지 않는다는 것을 스스로 깨닫게 되었다. 또한 집중 듣기를 꾸준히 하면 아이의 읽기 유창성이 눈에 띄게 향상된다. 음원의 속도에 맞춰 문장을 따라 읽다 보면, 처음엔 어색하게 끊어 읽던 아이도 점차 리듬을 익히며 문장을 자연스러운 억양과 의미 단위에 맞춰 읽는 능력을 키우게 된다. 이때 눈으로는 글자를 읽고 귀로는 소리를 따라가는 활동이 동시에 이루어지기 때문에 소리에 집중하는 힘도 함께 자란다. 이 과정에서 듣기 자체에 더 민감해지고, 나중에는 읽기와 말하기에도 긍정적인 영향을 준다.

집중 듣기는 아이가 어느 정도 기초적인 읽기 능력을 갖추고, 스스로 읽을 수 있는 단어가 늘어나기 시작했을 때 시작하는 것이 효과적이다. 특히 쉬운 리더스북으로 충분히 읽기 연습을 한 뒤, 익숙한 단어가 많이 포함된 책으로 집중 듣기를 시도하면 훨씬 수월하다. 이미 알고 있는 내용을 소리와 다시 연결하며 읽는 경험은 아이에게 큰 자신감을 주고, 자연스러운 읽기 확장으로 이어질 수 있다. 하지만, 집중 듣기는 말 그대로 집중이 필요한 활동이라, 아이 입장에서는 공부처럼 느껴져 재미가 덜할 수 있다. 따라서 아이가 준비되지 않은 상태에서 억지로 시도하면 오히려 영어에 대한 정서만 해칠 수 있다. 나는 ORT(옥스퍼드 리딩 트리)처럼 그림책 보듯 재미있게 읽을 수 있는 책으로 먼저 읽기 연습을 시작했다. 이후 아이가 어느 정도 단어와 쉬운 문장을 읽게 되었을 때, 집중 듣기를 시작했다.

집중 듣기를 할 때는 손가락이나 펜으로 아이의 눈이 글자를 따라가게 도와주는 것이 효과적이다. 눈과 귀의 연결이 쌓일수록 읽기 실력은 자연스럽게 향상된다. 짧은 리더스북으로 시작해 재미있게 집중 듣기를 해나가다 보면, 점점 더 긴 글도 소화해 낼 수 있는 읽기 힘이 생긴다. 읽기 실력에 따라 조금씩 책의 수준과 시간을 조절해 나가면 되는데 쭈똑이의 경우 현재까지 글자를 포인팅 하며 듣는 집중 듣기는 10분을 넘기지는 않고 있다.

　여러 권의 리더스북을 반복해서 듣고 따라 읽은 후, 아이가 내용과 단어에 익숙해지면 혼자 읽기를 시도해 볼 수 있다. 처음에는 속도가 느리고, 중간에 멈추는 경우도 많지만, 엄마는 이때 지나친 교정보다는 옆에서 조용히 지켜보며 긍정적인 피드백을 해주는 것이 좋다.

　혼자 읽기 시작 단계에서는 완벽한 읽기보다 자신감을 심어준다는 생각으로 실수를 두려워하지 않도록 분위기를 조성해 주는 것이다. 만약 모르는 단어가 나왔을 때는 앞부분만 가볍게 흘려주듯 읽어주자. 그래도 읽기 힘들어하면 부담 없이 함께 읽으며 다음 페이지로 넘어가자. 아이가 읽지 못하는 단어인데 혼자서 읽을 때까지 마냥 기다리거나 주눅 들게 다그칠 필요가 없다. 또한 간혹 아이가 읽기를 거부한다면 엄마와 한 페이지씩 번갈아 가며 읽으며 부담감을 줄일 수 있다.

　혼자 읽기가 어느 정도 안정화되면, 이제 아이의 수준에 맞는 리더스북 시리즈를 중심으로 점차 책의 분량과 난이도를 늘려간다. 엄마가 주도적으로 수준 높은 책을 선택해 억지로 읽히기보다는, 아이가 재미있어하고 스스로 선택할 수 있는 책을 중심으로 자기 주도적인 독서 경험을 쌓게 해주는 것이 좋다. 쭈뚝이의 경우, ORT 시리즈를 예전부터 그림책처럼 보고 익숙해진 덕분에, 혼자 읽기를 시도한 후에도 자연스럽게 그 시리즈를 중심으로 읽기 분량을 조금씩 늘려갈 수 있었다. ORT 시리즈는 1~9단계를 4

살 무렵에 사서 그림책처럼 꾸준히 읽어주었는데 이야기가 재미있고 대화체가 많아서 발화로 이어지기도 했다. 처음에는 1~4단계를 노출해서 보여주다가 살짝 지루해 질 때쯤 이야기가 풍성해지는 5단계로 넘어갔더니 다시 재미를 느꼈다. 이후 9단계까지 단계 구분 없이 원하는 대로 읽어주다가 읽기 연습을 시작한 후에는 1단계부터 읽기 시작했는데 이야기 속 주인공들인 Kipper, Biff, Chip과의 친숙함과 익숙한 내용이 혼자 읽기를 거부하지 않게 도와주었고 책의 내용을 알고 있어서 스스로 읽을 책을 고르기에도 수월했다.

처음엔 하루 한 권 읽기도 버겁게 느껴졌지만, 아주 짧은 책부터 시작해서 매일 한 권씩 꾸준히 읽는 습관을 들이자 아이의 읽기 속도와 이해력, 집중력이 서서히 성장해 갔다. 하루 10분의 힘이 일주일, 한 달, 몇 달이 쌓이면 어느새 읽기 내공이 길러지기 시작한다.

읽기 속도가 점차 올라오기 시작하면 이제 단순히 글자를 읽는 것을 넘어, 읽은 내용을 이해하고 스스로 해석하는 능력을 키울 수 있게 도와주어야 한다. 아이의 읽기 경험을 사고와 쓰기 활동으로 연결해 주기 위해 리딩 교재(Bricks, My next reading, Link 시리즈 등)를 적극적으로 활용할 수 있다. 짧은 본문을 소리 내어 읽고 난 뒤 간단한 질문에 답하거나 문장을 완성하도록 구성된 교재는 아이가 읽은 내용을 정리하고 재구성하는 연습을 하기에 매우 효과적이다.

쭈똑이의 경우 어느 정도 영어 읽기가 가능해진 후에 부담 없는 분량의 독해와 간단한 문장 쓰기를 병행하고 있다. 짧은 텍스트를 읽고 나서 문장 완성이나 질문에 답하는 방식으로 접근하면서, 글을 써보는 연습과 동시에 문장의 정확성을 자연스럽게 키워가고 있다. 이때, 문제 풀이에 앞서 축적된 충분한 듣기 인풋이 효과를 발하면서 독해 문제를 푸는데도 자신감이 더해진다. 예를 들어, 문장 재배열 문제를 풀 때 그동안 들었던 영어 소리가 만들어 낸 감으로 막힘없이 풀어나갔다. Which dance / do / you / want / to learn? 과 같은 문장에서 왜 Which dance가 맨 앞에 와야 하는지 문법 규칙을 알지 못해도, 이미 수없이 들어본 자연스러운 어순의 소리 패턴이 머릿속에 있기 때문에 직관적으로 선택하게 되는 것이다. 인풋이 충분하면, 문법 지식 없이도 올바른 문장 구조를 구분하는 영어 감이 만들어진다. 이처럼 습득 위에 하나씩 더해지는 학습은 시작이 수월하다.

또한 아직 Peppa pig를 즐겨 보고 있기 때문에 『First words with Peppa』 시리즈도 잘 활용하고 있다. 이 시리즈에는 그림책과 액티비티북이 함께 들어있는데 그림책은 영상과 연계된 내용이, 액티비티북에는 책에 나온 단어와 문장, 내용 등을 문제를 통해 점검할 수 있도록 구성되어 있다. 따라 쓰기와 스티커 붙이기부터 시작해서 True / False 문제까지 다양하게 구성되어 있기 때문에 읽기를 시작하기 전에는 그림책만 노출하다가 읽기 연습을 시작한 후부터는 액티비티북을 활용할 수 있다. 익숙한 내용에 대해 어휘와 주요 내용 등을 복습하기 때문에 큰 거부감 없이 할 수 있다는 장점이 있어서 추천한다.

영어책 읽기는 단발성 활동이 아니라 중고등학교 때까지 꾸준히 이어져

야 한다. 혼자 읽기가 조금씩 자리를 잡았다면, 이제는 이 읽기 경험이 꾸준히 이어지는 루틴이 될 수 있도록 흐름을 만들어 주는 것이 중요하다. 처음에는 짧고 쉬운 리더스북과 좋아하는 그림책을 중심으로 읽기 내공을 쌓고, 점차 얼리 챕터북(Early Chapter Book)으로 자연스럽게 넘어가게 된다. 얼리 챕터북은 문장이 리더스북보다는 조금 더 길고 내용도 살짝 복잡해지지만, 그림이 여전히 많고 문단이 짧아 리더스북과 챕터북 사이를 부드럽게 연결해 주는 징검다리 역할을 한다. 『Owl diaries』, 『Henry and Mudge』 시리즈 등이 대표적이다. 쭈똑이는 아직 혼자 얼리 챕터북을 읽지는 않지만 음원을 활용하여 이야기를 즐기고 있다. 특히 아기자기한 그림이 많은 『Owl diaries』 시리즈를 가장 좋아한다. 교우관계, 학교생활, 파티 준비 등 아이들의 실제 생활과 닮은 에피소드로 공감대를 형성하고 귀여운 부엉이 Eva와 친구들의 이야기가 재미있게 펼쳐진다.

또한 그래픽 노블(Graphic Novel)도 함께 읽기 루틴에 자연스럽게 넣을 수 있다. 그래픽 노블은 만화 형식을 갖춘 장르지만, 단순한 만화책이 아니라 이야기 구조가 탄탄하여 읽기에 어려움을 느끼는 아이도 그림의 흐름을 따라가며 자연스럽게 문장을 접할 수 있는 장점이 있다. 특히 대화체가 많고, 장면 전환이 뚜렷해 아이들이 몰입하기 쉬우며, 시각적 이해력을 높이기도 한다. 『Press start』, 『Pizza and Taco』, 『Dog Man』, 『Narwhal and Jelly』 시리즈 등이 대표적이다. 이후에는 점차 챕터북(Chapter Book)으로 넘어가게 된다.

챕터북은 그림이 거의 없거나 아주 적고, 이야기 분량도 많아지는 단계다. 이때부터는 문장 구조가 더 다양해지고 어휘 수준도 높아지기 때문에, 아이의 배경지식, 어휘력, 독해력이 함께 뒷받침돼야 한다. 그다음 단계는 소설(Novel)이다. 이 시점이 되면 아이는 더 이상 읽기 연습이 아니라 내용 자체를 즐기기 위한 읽기를 하게 된다. 이야기의 구조를 이해하고, 인물의 감정선을 따라가며, 배경과 메시지를 스스로 해석해 나간다. 영어책은 이제 아이에게 언어 학습이 아닌 사고력과 감정이 확장되는 통로가 되는 것이다.

읽기 단계를 이처럼 그림책→리더스북→얼리 챕터북/그래픽 노블→챕터북→소설로 자연스럽게 확장해 나가면, 아이는 꾸준히 영어책 읽기를 이어갈 수 있다. '지금 나이엔 이 단계 책을 읽을 수 있어야 해.'라는 생각으로 아이를 끌고 가는 것이 아니라, 아이가 흥미를 느끼고 스스로 펼치고 싶어 하는 책을 중심으로 독서 흐름을 이어주는 것이다.

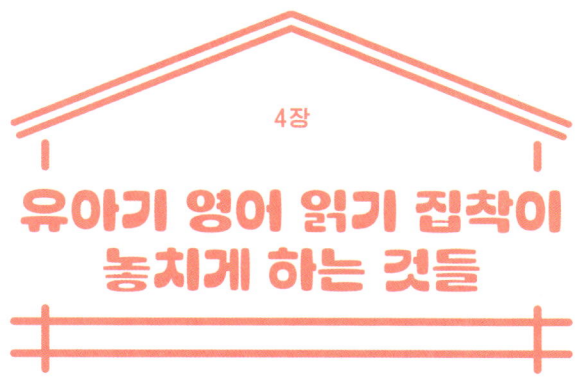

4장
유아기 영어 읽기 집착이 놓치게 하는 것들

한국 영어 교육은 읽기에 큰 비중을 두고 있다. 아마도 대입에 있어 수능이 큰 역할을 하고 있기 때문에 수능에서 고득점을 받으려면 읽기에 집중해야 하는 것이 어쩌면 당연한 일이다. 하지만 영어 읽기에 지나치게 집착하게 되면 어린아이들이 아직 영어 소리를 충분히 듣지도, 말해보지도 못한 상태에서 파닉스와 단어 쓰기 연습으로 곧장 뛰어들게 된다. 사실 충분한 소리 노출 없이 시작한 문자 학습과 읽기에만 치중된 영어 학습의 결과는 비교적 예측할 수 있다. 단어를 조합해 읽을 수는 있지만, 막상 외국인이 말을 걸면 입을 열지 못한다. 영어를 머리로는 아는데, 입과 귀가 반응하지 않는 것이다. 언어 학습의 기본 순서는 듣기→말하기→읽기→쓰기다. 이 순서는 단순한 이론이 아니라, 아기가 모국어를 배우는 자연스러운 언어 습득의 흐름과 정확히 일치한다. 그런데 한국의 영어 교육은 듣기와 말하기보다는 읽기와 쓰기에 초점이 맞춰져 있어서 문자에 대한 조기 노출, 읽기 능력 중심의 평가, 문법 중심의 독해 훈련이 우선시되는 경향이 있다.

언젠가부터 AR 지수가 마치 하나의 통과 관문처럼 여겨지며 "우리 아이가 몇 점대 영어책을 읽을 수 있어요."라는 말을 영어 실력의 증거처럼 여긴다. 하지만 아이가 높은 단계의 책을 읽는다고 해서 실제 그 정도 수준으로 영어를 사용할 수 있을까? 이 질문 앞에서 대답이 흔들린다면, 지금 우리가 아이에게 강조하고 있는 읽기의 의미를 다시 생각해 볼 필요가 있다. 아이가 문장을 읽고도 이해하지 못한다면, 그건 읽기가 아니라 해독(decoding)일 뿐이다. 문제는 여기서 끝나지 않는다. 문자 중심의 영어 교육은 아이의 언어 학습을 단편적인 훈련으로 바꾸어 버린다. 듣기와 말하기를 배제한 채, 단어와 파닉스 규칙 암기만 반복하게 되면 영어는 살아있는 소통의 도구가 아닌, 죽은 암기 과목이 된다.

특히 유아기에는 읽기보다 듣기에 훨씬 더 많은 시간이 필요하다. 이 시기의 아이는 아직 문자에 대한 인지가 발달하지 않았고, 언어를 소리로 받아들이는 능력이 훨씬 뛰어나기 때문이다. 하지만 많은 엄마들이 듣기가 충분히 쌓이기도 전에 영어책 읽기를 조급하게 시작하고, 파닉스 수업이나 리딩 수업에 아이를 먼저 보낸다. 수업을 보내는 건 잘못된 것이 아니다. 필요한 시기에 적절하게 수업을 듣는 것은 당연히 효과가 좋다. 하지만 영어 소리 노출이 절대적으로 적은 상태에서 문자부터 접하는 것보다 듣기를 통해 충분히 영어 귀를 연 후에 시작하는 게 훨씬 효과가 좋다. 영어를 효과적으로 습득할 수 있는 나이에 읽기 학습에 치우치게 되면 소리 중심의 자연스러운 습득이 막히고 암기식 공부, 시험식 학습으로 빠르게 전환된다. 언어라는 본질을 잃게 되어 지금 우리 성인의 세대처럼 영어 문제는 잘

풀지만 똑같은 문제를 귀로 들으면 무슨 말인지 잘 이해하지 못하고 좀처럼 입 밖으로 영어가 나오지 않는 것처럼 말이다. 그리고 파닉스, 스펠링, 리딩 테스트가 반복되면서 아이가 이른 시기에 영어를 재미없는 과목으로 인식하고 흥미를 잃는 경우도 많이 생긴다.

AR 지수, 렉사일 지수처럼 영어책에 부여된 숫자는 뭔가 객관적이고 과학적으로 느껴진다. 하지만 이 수치는 단지 영어책 자체의 난이도를 말해 주는 수치일 뿐, 그것이 아이의 영어 실력을 보여주지 않는다. 아이가 어떤 책을 읽을 수 있다는 것과 그 내용을 이해하고 느끼며 소화해 낸다는 것은 다르다.

한번은 인스타그램 스토리에 쭈똑이가 비교적 쉬운 그림책을 읽는 모습을 올렸는데 현재 수준보다 너무 쉬운 그림책을 읽는 게 아니냐는 질문을 받았다. 그런데 혼자 읽기 연습 단계에서는 쉽고 낮은 단계의 책을 먼저 많이 읽는 것이 좋다. 아이는 익숙한 책을 반복해서 읽으며 자신감을 키우고, 예전에 읽을 줄 몰랐던 단어를 소리 내어 읽으며 새로운 눈으로 보게 된다. 특히 그림책은 쉬워 보여도, 언어 감각과 문화적 이해가 필요한 내용을 함께 담고 있어서 오히려 더 깊은 자극을 줄 때도 많다. 그리고 아이의 영어 수준이 올라갈수록 너무 쉬운 수준의 책은 자연스럽게 점점 멀어진다.

==어려운 수준의 책을 빨리 읽게 하려는 욕심보다는 아이의 눈높이에 맞고, 읽는 즐거움을 주는 책을 통해 읽기 경험을 잘 쌓아가는 것이 더 현명한 방법이다.== 왜냐하면 아무리 수준 높은 책이라도, 아이가 그 안에 담긴

이야기의 흐름이나 주제를 이해하지 못한다면, 읽는 행위 자체가 의미를 잃을 수 있기 때문이다. 그래서 나는 아이가 완벽하게 이해할 수 있는 쉬운 책, 딱 아이 수준의 맞는 책, 약간 어렵긴 하지만 어느 정도는 의미를 이해하고 읽을 수 있는 책 등 다양한 난이도의 책을 골고루 보여주고 있다. AR 지수를 올리기 위해 아이의 수준보다 높은 책만 보여주다 보면 영어책 읽기가 아이에게 오랫동안 즐거운 습관으로 자리 잡기 어려울 것이라는 걸 잘 알기 때문이다.

한 걸음 더

영어 공부,
중학교부터가 진짜다

실전 영어 실력을 다지는 초중등 영어 공부 전략

한 걸음 더
영어 정서는 영어 실력의 기반이 된다

 습득으로 시작된 영어가 학습으로도 잘 다져지려면 그 단추를 잘 끼워야 한다. 아이의 영어 공부를 생각할 때, 많은 부모가 가장 먼저 고민하는 것은 '언제까지 어느 레벨에 도달해야 하는가?'라는 목표 설정이다. 특히 초등 6년 동안 영어를 끝내놓아야 한다는 식의 조급한 계획은 얼핏 그럴듯해 보이지만, 실제로는 방향을 잘못 잡는 경우가 많다. 초등 시기에 가장 중요한 것은 학습의 양이나 속도가 아니라, 영어에 대한 태도와 감정, 그리고 그 기반 위에 세워지는 노출의 방향이다.

 영어는 단기간에 외우는 지식이 아니라, 장기적으로 노출되고 축적되어야 비로소 사용할 수 있는 언어가 된다. 초등 시기에 영어를 어떻게 받아들이느냐는 이후의 학습 효율을 결정짓는 핵심 요소다. 그중에서도 특히 중요한 개념이 바로 영어 정서다. 영어 정서란, 영어에 대한 감정적 반응을 뜻한다. 단순히 영어를 좋아한다, 싫어한다의 문제를 넘어, 영어를 얼마나 부담 없이 받아들이며 스스로 즐기는가를 가늠할 수 있는 척도다. 미취학 시기에는 부모의 리드에 따라 억지로라도 시킬 수 있다. 그러나 아이가 크면 상황이 달라진다. 아이는 자신의 주관을 더욱더 뚜렷이 펼치기 시작하고, 하기 싫은 일에 대해서는 보다 명확히 거부 의사를 표현한다. 이 시기에 영어가 재미없고 억지로 해야 하는 공부로 각인되어 있다면, 이후 중학교와 고등학교에서 아무리 좋은 콘텐츠와 학습 방법이 준비되어 있더라도, 아이는 스스로 영어에 다가가지 않게 된다.

영어를 좋아하는 감정, 즉 영어 정서는 영어에 많이 노출된 아이일수록 좋다. 쭈똑이에게 영어 영상은 좋아하는 디저트를 먹으며 깔깔거리며 웃는 시간이다. 엄마와 함께 보는 영어책은 세이펜을 거부할 만큼 즐거운 시간이다. 이렇게 편안하고 즐겁게 영어를 접한 시간이 길면 길수록 당연히 영어 정서가 좋다. 영어 정서가 좋으면 아이는 자연스럽게 영어에 가까이 다가가고, 듣고 읽고 말하고 쓰는 경험이 반복되면서 실력으로 이어진다. 반대로 영어 정서가 무너지면 아무리 질 좋은 콘텐츠를 제공하더라도 아이는 스스로 문을 닫는다. 우리나라의 입시에서 가장 중요한 중고등학교 시기에 들어가기 전부터 영어에 대한 정서가 좋지 않으면 학습이 효율적으로 되지 않는다. 안정적인 영어 정서 아래 학습이 들어가야 아이도 잘 받아들이게 되고 장기적으로 영어 노출을 이어갈 수 있다.

한 걸음 더

초등 영어의 목적은 완성이 아니라 준비

영어 실력을 키운다고 하면 대개는 먼저 학습 교재를 떠올린다. 문법과 독해 문제집, 어휘 암기장을 생각하며 문제를 많이 풀어야 한다는 전제를 자연스럽게 받아들인다. 그러나 영어를 진짜로 잘하게 되는 힘은, 문제 풀이가 아니라 문장을 직접 보고 듣고 말하고 써보는 경험에서 비롯된다. 책을 반복해서 읽고, 자주 말하고 써보는 경험이 반복된 아이는 머릿속에 자연스럽게 영어 문장의 흐름과 구조를 내재화하게 된다. 이러한 내재화는 중학교에 올라가 문법 용어를 배우는 시점에서 빛을 발한다.

예를 들어, 충분한 영어 노출로 기본이 다져진 아이가 현재분사라는 문법을 배우게 되면 아마 이렇게 생각할 것이다. '책에서 흔하게 보던 I found Suzy crying in her room.과 같은 형식의 문장에서 'crying'이 현재분사라는 것이구나. crying in her room은 앞에 있는 Suzy에 대한 설명인데? (방에서 울고 있는 수지) 그래서 Suzy를 꾸며주는 형용사의 역할을 한다는 거구나. 이건 너무 당연한 건데?'

즉, 이미 수없이 보던 5형식(주어+동사+목적어+목적보어) 영어 구조에 문법적 이름만을 붙여서 역할을 설명해 주는 수준으로 문법을 받아들일 수 있다. 그래서 I found Suzy (crying / cried) in her room. 과 같은 문법 문제를 풀 때도 망설임 없이 crying을 택한다. 익숙함이 만들어 낸 영어 감이 있기 때문이다. 반대로 문제집을 중심으로 공부했던 아이는 문법 용어를 외운다고 하더라도 머릿속에 실제 사용 예시가 없기 때문에 금방 잊거나 혼동하게 된다. 그래서 독해 문제집 몇 단계를 끝냈다는 것에 큰 의미를 두지 말고 함께 활용하되, 초등 시기에는 진정한 영어 독서의 재미에 빠져들 수 있도록 환경을 조성하는 게 앞으로의 입시에도 그리고 영어 실력에도 훨씬 효과적이다.

언젠가 한 학부모님과의 상담에서 "요즘은 초등학교 때 영어를 끝내 두어야 중학교 올라가서 다른 과목 공부에 집중할 수 있다던데, 우리 애는 초등학교 때 영어를 많이 못해서 걱정이에요."라는 이야기를 들은 적이 있다. **사실 초등 영어의 진짜 목적은 영어를 끝내는 것이 아니라, 영어 학습을 받아들이는 기반을 단단하게 다지는 것이다.** 초등학교 시기에는 다양한 문장을 접하며, 영어 문장에 익숙해지고 감각을 익히는 것이 먼저다. 학습은 반드시 해야 하는 것이지만 그것이 빠르다고 좋은 게 아니다. 오히려 충분한 노출과 습득 없이 학습부터 시작하면, 아이는 금방 영어를 싫어하게 되고, 학습의 효율도 떨어진다. 학습을 견디게 하는 힘은 그 이전의 충분한 노출에서 나온다.

초등 저학년 때는 유아기부터 이어온 영어 노출을 계속 유지하되 스스로 영어책을 읽을 수 있도록 해주면 된다. 아이는 음독을 통해 문자 해독력을 익히고, 리더스북 같은 짧은 문장에서 시작해 점차 챕터북으로 넘어가면서 어휘와 문장 수준을 넓혀나간다. 또한 저학년 때부터는 집중 듣기와 쓰기를 병행하면 효과가 더 커진다. 듣고, 읽고, 쓰는 경험이 서로 연결되며 아이의 영어 실력이 더욱 단단해진다.

영어 노출이 꾸준히 이루어졌다면 초등 고학년 정도 되었을 때 영어 실력이 꽤 높아진다. 이 시기에는 여전히 영상과 책을 통해 계속 영어에 대한 흥미를 높여나가며 접하되 중학교 입학 전인 5~6학년쯤에는 문법을 정리해 두는 것이 좋다. 이전까지 충분히 노출이 있었던 아이라면 문법 용어나 규칙도 큰 부담 없이 정리할 수 있다. 억지로 외우지 않아도 감이 잡히기 때문에 문법이 어렵게만 느껴지지 않는다. 또한 이 시기에는 누구보다 자유롭게 영어책을 읽을 수 있는 시기이다. 초등 고학년만 되어도 바빠서 책 읽을 시간이 없다고들 하지만 중학교에 입학하면 평가에 대한 준비로 더더욱 책 읽을 시간이 없다. 그래서 장르를 국한하지 않고 영어책을 많이 읽는 것을 적극 추천한다. 시험이라는 압박이 시작되면 평가 위주의 학습을 할 수밖에 없는데 충분한 영어 독서 경험이 쌓여 있어야 이후의 영어 학습이 수월하게 이어질 수 있다.

고학년이 되면 영어 책을 읽는 것보다 문제 푸는 데 집중해야 중학교에 가서 시험을 잘 볼 수 있을 것 같은데 우리 아이는 신나게 영어책만 읽고 있다고 걱정하는 엄마도 있을 것이다. 그런데 나는 그런 분들께 오히려 책을 더 많이 읽을 수 있게 격려해 주라고 하고 싶다. 챕터북을 누구보다 신나게 읽고 있는 아이가 영어 문제를 못 푸는 경우는 거의 없다. 다만, 책 읽기만으로 모든 평가 대비가 가능하다고 보기는 어렵기 때문에, 읽기와 병행하여 독해 문제집을 함께 풀어보는 것을 추천한다. 독해 문제집은 아이가 읽은 글의 내용을 질문 형식으로 다시 점검하고, 정확히 이해했는지를 확인하는 도구로 활용하면 좋다. 또한, 문제를 통해 문제 유형에 익숙해지고, 주어진 문항에 맞게 글을 분석하고 판단하는 훈련을 해두면 중학교 이후 본격적인 시험을 앞두고도 당황하지 않게 된다.

결국, 아이가 스스로 '이 글에서 말하고자 하는 핵심은 이거구나.', '이 질문은 이 문단을 읽어야 풀 수 있어.'라는 감을 키워나가게 되면, 독해력은 자연스럽게 따라오게 된다. 문제집은 그 흐름을 보조해 주는 도구일 뿐, 주도권은 여전히 아이의 독서에 있다.

한 걸음 더
중학교 영어 공부법

초등학교 시절 내내 원서를 읽게 하며 영어 노출을 해온 엄마들이 가장 많이 고민하는 시기가 바로 중학교 입학 전후다. '계속 원서를 읽혀야 할까? 아니면 이제 문법이나 독해 공부를 시작해야 할까?' 많은 엄마들이 이 질문 앞에서 갈등한다. 결론부터 이야기하자면, 중학교 영어는 교과서 중심 학습이 필요하다. 모든 학생이 교과서 본문으로 공부하게 되고 본문에서 평가가 이뤄지는 만큼, 아이가 스스로 교과서 본문을 해석할 수 있는 수준은 되어야 한다. 이를 위해선 단어 학습, 문법 학습, 구문 독해 연습이 병행되어야 한다. 하지만 교과서 중심 학습에 대비하되, 영어 원서는 꾸준히 읽는 것이 좋다.

초등 시기부터 영어책을 통해 키운 영어 감각은 중학교에서도 큰 자산이 된다. 중2, 중3 교과서 본문은 AR 지수 3~4단계로 영어책을 꾸준히 읽었다면 그 실력만으로도 어느 정도 커버할 수 있다. 그리고 영어책을 읽지 않은 아이들과 영어를 대하는 감 자체가 다르다. 국어처럼, 영어도 결국은 지문을 이해하는 힘이 중요하다. 그런데 많은 학생들이 영어 실력을 단순히 단어 외우기, 문법 문제 풀기, 문제 풀이 스킬 익히기로 해결하려고 하는데 사실 그보다 더 본질적인 접근이 필요하다. 학교 영어 시험과 수능을 잘 보기 위해서는 글의 전체적인 구조와 문장 간 관계, 글 전반의 논리적 흐름을 파악하는 힘이 반드시 필요하다. 문제 풀이 요령이나 기술은 일시적으로 점수를 올릴 수는 있어도 진짜 실력은 아니다.

중학교 3년은 고등학교 영어를 준비하는 데 있어 매우 중요한 시기이다. 단지 내신만을 위한 시기가 아니라 장기적으로는 수능을 바라보며 영어 공부의 방향을 잡아야 하는 시기다. 중학교 때 어떻게 영어 공부를 하느냐에 따라 고등학교 내신과 수능까지의 흐름이 결정되기도 한다.

중학교 내신은 절대평가다. 90점만 넘으면 A등급을 받을 수 있고, 시험 범위도 두 단원 정도밖에 되지 않는다. 그래서 교과서 본문과 수업 시간에 다룬 학습지만 열심히 외워도 좋은 성적을 받을 수 있다. 하지만 여기에는 함정이 있다. 줄곧 중학교 내신 A등급을 받았던 아이들이, 고등학교 1학년이 되면 영어성적이 곤두박질치는 경우가 너무 많다. 실제 내가 고1 담임을 할 때 아이들이 첫 중간고사에서 평생 받아보지 못한 영어 점수에 당황해하는 경우가 많았는데 대부분 중학교 때 내신에만 초점을 맞추어 공부했던 아이들이었다.

왜 이런 결과가 생기는 걸까? 이유는 단순하다. 중학교 내신은 교과서 암기형, 고등학교 영어는 독해 중심의 사고형 문제이기 때문이다. 고등학교에 가면 갑자기 지문이 길어지고, 지문의 주제나 글의 흐름을 파악해야 하는 문제가 많아진다. 어휘 수준도 단숨에 높아진다. 어휘력, 문해력, 사고력까지 모두 요구되는 시험에서 중학교 때 암기로 버텨왔던 학생은 큰 공백을 느끼게 된다. 그래서 중학교 영어는 지금 성적을 위한 학습이 아니라, 고등학교와 수능까지 내다보는 기초를 다지는 시기가 되어야 한다. 중학교 영어 내신 시험을 준비하되, 단순 암기뿐만 아니라 영어 실력을 쌓는 방향으로 공부해야 하는 것이다. 수능 영어가 아무리 절대평가가 되었다고 하더라도 100명 중 6~7명 정도만 1등급을 받을 수 있는 시험이다. 그만큼 수능 영어는 쉬운 시험이 아니다. 그래서 중학교 때부터 수능 영어를 염두에 둔 학습 전략이 필요하다. 너무 앞서 나갈 필요는 없지만, 교과서 암기 위주의 공부만 하기보다는 다양한 글을 읽고 주제를 도출해 보는 등의 연습을 하면 고등학교에 올라가서도 훨씬 수월하게 대응할 수 있다.

중학교 영어에서는 문법이 중요한 학습 축이 된다. 또한 본격적으로 읽기를 기반으로 한 학습이 시작된다. 이때 문법 지식은 문장을 정확히 해석하는 독해력, 문법적으로 올바른 문장을 구성하는 영작 능력의 바탕이 되며, 이는 고등학교 이후 긴 글을 읽고 쓸 수 있는 문해력과 글쓰기 능력으로 이어진다. 실제로 학교 수업과 내신 시험에서는 문법 개념을 정확히 이해하고 있는지를 묻는 문제가 꾸준히 출제되고 수업 시간에서도 비중 있게 다뤄진다. 문법은 생소한 한자 용어와 복잡한 규칙들로 인해 많은 학생이 어려움을 느끼는 영역이기도 한데 동시에 내신 시험에서 난이도 높은 킬링 문제로 자주 등장해 점수 차이를 나게 만드는 요인이 되기도 한다. 입시 압박이 덜한 중학교 시기야말로 문법을 체계적으로 정리할 수 있는 좋은 시기다. 문법 공부를 시작할 때 흔히 빠지는 함정이 있다. 바로 문제를 많이 푸는 것에만 집중하는 것이다. 시험에서 문법 문제가 나오기 때문에 문제 풀이에 익숙해지는 것이 중요하다고 생각할 수 있지만, 처음 문법을 배울 때는 문제보다 개념이 우선이다. 문법 공부의 목표는 문장을 정확히 해석하고 개념을 탄탄히 다지는 데 있다.

 문법 용어들은 대부분 한자어로 되어 있어 처음부터 부담스럽게 느껴질 수 있지만 너무 겁먹을 필요는 없다. '부정사', '분사', '동명사'라는 용어는 문장의 구조를 설명하는 단어일 뿐이다. 중요한 건 **그 개념이 어떤 문장에서 어떻게 쓰이는지를 실제로 문장을 해석해 보면서 익히는 것이다.** 다양한 문장을 반복해서 해석해 보고, 그 안에 들어 있는 문법 요소를 익혀 나가는 것이 진짜 문법 공부다. 문법 지식은 결국 글을 정확하게 읽고, 자기 생각을 글로 표현하는 데 사용되기 때문이다. 단순히 규칙을 외우거나 문제 정답을 맞히는 것을 넘어서, 문장 안에서 문법이 어떻게 사용되는지를 익히는 과정이 필요하다. 이렇게 개념이 잡힌 후에는 반복 출제되는 문법 패턴들을 실제 문제를 통해 익히는 연습이 필요하다.

 공부 방법을 예로 들면, 시중의 문법 교재를 선택해서 수업 시간에 배운 단원의 이론을 먼저 공부한 후에 해당 문법을 설명할 때 쓰인 문장을 해석해 본다. 이때 그냥 두루뭉술하게 해석하는 게 아니라 해당 문법이 쓰인 단어가 문장에서 하는 역할을 설명할 수 있어야 한다. 그러고 나면 문제를 풀고 오답을 확인한 후 다시 이론을 복습한다. 학습한 후에도 이해가 어려운 부분은 예문과 함께 노트에 정리하며 다시 한번 개념을 다듬는다. 예문을 직접 써보면 눈으로 보는 것보다 훨씬 더 도움이 된다. 이렇게 해당 문법 단원을 여러 번 반복하면, 개념이 이해되면서 문장 구조가 눈에 들어오기 시작한다. 어느 정도 숙달이 되었다면 비슷한 난이도의 다른 교재로 문제 풀이 연습을 확장해 본다.

한 걸음 더
어휘력과 문해력, 결국 글을 이해하는 힘

어휘력이 쌓이면 독해는 훨씬 수월해진다. 긴 지문 속에서 단어를 바로바로 이해할 수 있으면 문장을 해석하는 데 에너지를 덜 쏟게 되고, 글의 전체적인 흐름을 파악하는 데 집중할 수 있다. 하지만 단어만 알고 있다고 독해가 되는 것은 아니다. 독해 실력을 키우기 위해서는 지문의 주제를 파악하는 연습도 필요하다. 단어 하나하나를 정확히 해석하는 것에만 집중하기보다는 전체 문단이 어떤 주장을 담고 있는지를 먼저 파악한 뒤, 세부 내용을 직독 직해하며 읽어가는 연습을 해야 한다. 수능 독해 지문은 길고 논리적 사고를 요하는 복잡한 구조의 지문도 많아서 단순히 해석에 그치지 않고, 글의 구조를 파악하며 읽어가는 훈련을 의식적으로 해야 한다.

중학교 시기에 얼마나 탄탄하게 기본 어휘를 익혀두느냐에 따라 이후 고등학교 영어 학습의 밀도가 결정된다. 중학교 때는 어휘의 기초를 탄탄히 해두고 고등학교 때 보다 어려운 심화 어휘를 추가해 나가야 본격적인 독해로 넘어갈 수 있다. 단어를 공부할 때는 반드시 문맥 속에서 이해하는 연습이 필요하다. 예를 들어 'fast'라는 단어는 우리가 흔히 '빠른'이라는 뜻으로 알고 있지만, 'He runs fast.'에서는 부사로 쓰이고, 'She is a fast runner.'에서는 형용사로 쓰인다. 또, 'She is on a fast.'처럼 '단식'이라는 전혀 다른 의미로도 쓰일 수 있다. 이런 문맥별 의미 차이를 어릴 때부터 충분히 경험해 보는 것이 중요한데 꾸준히 원서를 통해 어휘량을 늘려왔다면 이러한 차이를 알게 되는 것에 큰 어려움이 없다. 중학생 때 이런 영어 감각이 제대로 잡히지 않으면, 고등학교에서 복잡한 구문이나 어휘의 다의적 의미에 막혀 영어에 어려움을 느끼게 되기 쉽다.

이 시기의 어휘 학습은 교과서 어휘는 반드시 알고 있어야 한다는 전제 위에 진행되어야 한다. 교과서에 나오는 단어는 시험에 직접 출제되기도 하고, 문법 문제나 서술형 평가로도 이어진다. 여기에 더해, 시험과 수능에 최적화된 어휘도 별도로 외우는 작업이 병행되어야 한다. 고등학교로 올라가면 영어 지문이 길어지고 구조가 복잡해진다. 논설문이나 인문, 사회, 과학 등의 다양한 분야에서 발췌한 비문학 지문을 접하게 되며 당연히 어휘 수준도 높아진다. 원서를 보며 익혔던 어휘와는 다른, 시험과 수능에 잘 나오는 어휘들은 따로 있기 때문에 이러한 어휘들은 별도의 학습이 필요하다.

단어를 외울 때는 반드시 예문을 함께 보는 습관을 들여야 한다. 같은 단어라도 어떤 문장에서 어떤 식으로 쓰이는지에 따라 뉘앙스가 달라지기 때문이다. 예를 들어, 'address'라는 단어는 'He wrote his address on the envelope.'에서는 '주소'라는 명사지만, 동사로 쓰일 때는 '문제를 다루다'라는 의미도 있다. 따라서 예문과 함께 단어를 익히는 습관은 중학교부터 고등학교까지 일관되게 유지해야 할 중요한 공부법이다. 또한, 어휘 암기는 자동화되기 전까지 반복해서 머릿속에 새겨야 한다. 어떤 학생은 틀린 단어만 모아 자신의 단어장에 따로 정리하기도 하고, 또 어떤 학생은 각종 문제집이나 독해 지문에서 모르는 단어를 포스트잇에 적어 책상에 붙여두는 등 자신만의 어휘 시스템을 만들어 나가기도 하는데 이렇게 자기 주도적으로 어휘를 관리하는 습관이 꼭 필요하다. 교과서 어휘를 기본으로 하고, 시험 대비 어휘를 체계적으로 보완하며, 원서를 통해 자연스럽게 만나는 어휘까지 폭넓게 아우르는 것이 가장 이상적인 구조다. 하지만 그 안에서도 가장 중요한 것은 꾸준함이다. 매일 일정량을 외우고 복습하고, 자신만의 방식으로 정리하며, 예문과 함께 실전에서 쓸 수 있도록 준비하는 과정이 결국 어휘력을 만들고, 그 어휘력이 독해력과 연결되고, 나아가 영어 실력 전체의 기반이 된다.

그런데 아무리 단어를 많이 알고 문장을 해석할 수 있다고 해도, 문해력이 부족하면 글을 온전히 이해하기 어렵다. 실제 수업 시간에 보면, 단어의 뜻도 알고 문장도 해석했지만 "이 글에서 이야기하고자 하는 주장과 근거는 뭐야?"라는 질문에는 대답하지 못하는 학생들이 생각보다 많다. 영어 지문이어서라기보다는 애초에 글을 읽고 이해하는 힘이 약한 경우다. 특히 논리적 흐름을 따라가야 하는 글에서 글의 구조를 읽어내지 못하는 경우가 잦다. 심지어 한글 해석본을 읽고 나서도 글에서 하고자 하는 말이 무엇인지 이해하지 못하는 학생들도 많다. 이런 이유로 한글책을 많이 읽는 활동도 영어 공부의 중요한 일부가 되어야 한다. 다양한 주제의 글을 읽으며 정보의 흐름을 따라가는 연습, 중심 생각을 파악하고 요약하는 연습을 반복하다 보면 글을 이해하는 힘이 자연스럽게 길러진다. 이 힘은 그대로 영어 독해로도 연결된다.

에필로그

우리 집에서 피어나는 아이의 영어

엄마가 된 후, 저는 영어를 다시 만났습니다. 아이와 눈을 맞추고 이야기하고, 함께 그림책을 읽고, 놀이를 하며 아이의 영어는 어른과는 다른 방식으로 성장해 나간다는 것을 몸소 깨달았습니다. 저는 영어 교사지만 여전히 배움의 길 위에 서 있는 사람입니다. 아이들은 각자 다른 빛깔을 지니고 있고 교육에는 하나의 정답이 존재하지 않으니까요. 해가 지날수록 가르친다는 것이 얼마나 어렵고 또 소중한 일인지 새삼 느끼게 됩니다.

이 책에 담긴 이야기들은 거창한 이론이나 정답이 아닙니다. 아이와 함께 생활하며 영어를 듣고, 말하고, 읽어 온 하루하루의 기록이며, 시행착오 끝에 효과를 본 소중한 경험입니다. 학교에서 학생들을 가르치면서 저는 듣고 말하고 느끼는 경험이 먼저 있어야, 그다음에 오는 독해도, 문법도 아이 스스로 연결해 가며 빛을 발할 수 있다는 생각이 들었습니다. 그래서 저는 아이의 영어를 공부로 시작하는 대신 언어로 먼저 받아들일 수 있게 도와주고 싶었습니다. 아직 갈 길이 멀지만, 아이와 학생들의 영어 성장 과정을 보며 저는 늘 이렇게 생각합니다. 영어는 마치 계단과 평지가 번갈아 나타나는 여정과 같다고요. 어느 순간 갑자기 실력이 크게 오르기도 하고, 또 한동안 눈에 띄는 변화가 없을 때도 있습니다. 하지만 이 평지를 걷는 동안에도 아이는 다음 계단을 오를 준비를 하고 있습니다. 그리고 다시 도약하는 순간이 찾아옵니다. 그러니 지금 변화가 더딘 것 같이 느껴져도 불안해하지 마세요. 아이는 멈춘 것이 아니라, 성장하고 있는 중이니까요.

아이의 영어 환경은 편안한 우리 집에서 만들어 줄 수 있습니다. 완벽하지 않아도 괜찮습니다. 매일 들려주는 영어 소리, 함께 웃으며 읽는 영어책이 아이의 영어를 자라게 하는 가장 좋은 환경이 되어 줍니다. 그리고 그 환경은 오늘, 지금 이 순간부터 충분히 시작할 수 있습니다.

부록1

쭈똑이의 월령별 영어 노출 활동 정리표

월령	종류	주요 노출 콘텐츠 및 활동
9~15개월	책	· Eric Carle Bear시리즈 · Karen Katz 플랩북 · 노부영 베이비 그림책 중 가장 단순한 책 · 플랩북, 팝업북, 헝겊책 등을 놀잇감으로 사용
	노래	· Wee Sing, 마더구스
	영어 대화	· 밥 먹자, 기저귀 갈자 등 간단하게 영어로 말 걸기
~24개월	책	· Maisy 시리즈 · Leslie Patricelli 시리즈 · No David 시리즈 · Mr.Panda 시리즈 · Blue hat green hat, Good night Gorilla, Press here 정도 수준의 주로 유아를 위한 보드북 * 부록2-기초 참고
	노래	Super simple songs, 노부영 베이비, 베스트, 스테디
	영상	본격적인 영상 노출은 24개월 무렵으로 국내 전집 영상 일부와 Super simple songs, Cocomelon
	영어 대화	· 역할놀이: 병원놀이, 주방놀이 등 표현을 사용하며 놀이 · 신체활동+노래 들으며 율동하기
	기타	두 돌 무렵 모국어가 본격적으로 성장하면서 한글책 비중↑, 영어책 비중↓ (한글 8:영어 2) 이후 서서히 영어책 비중도 늘림.
~38개월	책	· 조금 더 긴 문장이 나오는 책: 다채로운 표현 사용에 도움이 됨 · 아이의 생활 속에서 사용할 수 있는 표현들이 많은 책을 많이 읽음 · Pip and Posy 시리즈 · Caillou 시리즈 · Peppa Pig 시리즈 · Pete the Cat 등 * 부록2-기초~초급 참고
	노래	Super simple songs, Cocomelon, Peppa pig, 노부영 등 같이 부르기
	영상	· Peppa Pig · Caillou · Super simple songs · Cocomelon · 타요(영어버전) · 유튜브 채널: Ms Rachel - Toddler Learning Videos
	영어 대화	· Peppa pig의 나오는 문장을 그대로 흡수 (생활영어로 최고) · 피규어 및 관련 장난감으로 영상에서 본 장면을 연출하여 놀 수 있게 유도 (들은 문장을 활용할 수 있는 기회 제공) · 생활 속 한두 장면은(예: 목욕할 때) 영어로 말하기

~48개월	책	Peppa pig 페이퍼백 시리즈의 책을 좋아해 반복적으로 읽음. 다양한 종류의 그림책을 매일 읽어줌. *부록2-초급 참고
	영상	· Peppa Pig · Paw patrol · Doc Mcstuffins · Gabby Dollhouse · Numberblocks · 유튜브 채널: Steve and Maggie → 한글 영상 노출 없음, 파닉스 노출 안 함 (듣기와 말하기 우선)
	노래	기존에 듣던 노래에 영상의 음원이 차지하는 비중이 높아짐
	영어 대화	자주 본 책과 영상 속 표현을 놀이로 재현하며 말로 연결
~60개월	책	· 한국어 책 수준이 올라감에 따라 영어책의 글밥이 늘어남 *부록2-초급~중급 단권 참고 · E-book 활용 시작 (Vooks)
	영상	· Bluey · Rubble & Crew · Peppa Pig Tales · Paw patrol · Doc Mcstuffins · Gabby Dollhouse · Numberblocks(최근 본 영상의 흘려듣기도 함께 함)
	영어 대화	유치원 입학 후 영어로 말하는 비중이 급격히 줄어들었으나 아이가 거부하지 않는 선에서 생활 속 영어 사용은 꾸준히 시도. 모국어가 성장함에 따라 영어 실력도 급격히 성장
~72개월	책	· 쉬운 책부터 난이도 있는 책까지 골고루 노출 *부록2-초급~중급 참고 · 리더스북을 활용한 읽기 연습 시작
	영상	· Alphablocks · Numberblocks · Bluey · Peppa Pig Tales · Paw patrol · Ben & Holly's little kingdom · Ada Twist Scientist · 유튜브 채널: Peekabookidz, SciShow Kids, Genevieve's Playhouse 등(최근 본 영상의 흘려듣기도 함께 함)
	학습	· 파닉스 및 단어 읽기 학습 · 집중 듣기 및 문장 읽기 연습 · 워크북을 통한 읽기와 쓰기 연습 시작(스마트 파닉스, My next reading)
	영어 대화	엄마가 먼저 말하지 않아도 생활 속에서 스스로 영어로 말함. 영상이나 책에서 새로 알게 된 표현이나 단어들을 생활 속에서 반복해서 노출함.

부록2

아이와 함께 읽은 영어책 추천 목록

레벨 기준
· 기초: 단어 수가 적고 반복적, 문장 구조가 매우 간단
· 초급: 문장이 조금 더 길고, 이야기의 흐름이 있으며 어휘가 확장됨
· 중급: 초급 단계보다 더 복잡한 문장과 긴 서술이 포함됨
(난이도는 주관적일 수 있으니, 참고용으로 활용해 주세요.)

기초 <단권>

Opposites

Blue Hat, Green Hat

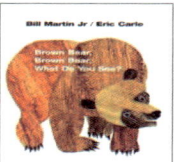
Brown Bear, Brown Bear, What Do You See?

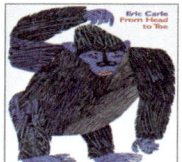
From Head to Toe

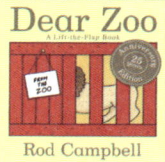
Dear Zoo

I Love You Through and Through

Hello, Hotdog!

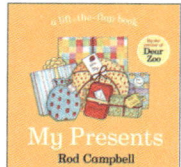
My Presents

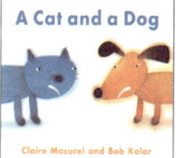
A Cat and Dog

There Were Ten in the Bed

Good Night, Gorilla

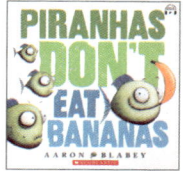
Piranhas Don't Eat Bananas

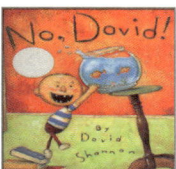
No, David!

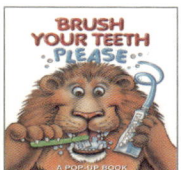
Brush Your
Teeth Please

Ness the Nurse

That's Disgusting!

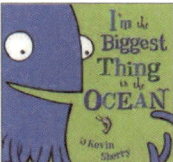
I'm the Biggest
Thing in the Ocean!

David Goes to School

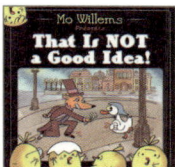
That Is Not a Good Idea

Hooray for Fish!

기초 <시리즈>

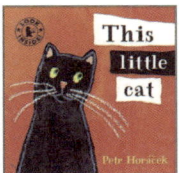
Petr Horacek
보드북

Bizzy Bear

Leslie Patricelli
보드북

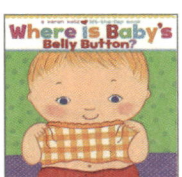
Karen Katz
Lift-the-Flap Book

Spot
Lift-the-Flap

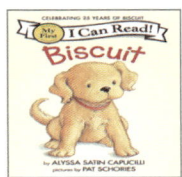
Biscuit

Maisy
Lift-the-Flap Book

Karen Katz Manner
보드북

초급 <단권>

 Don't Wake Up the Tiger
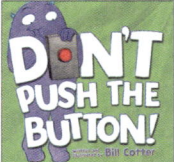 Don't Push the Button
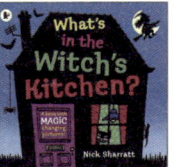 What's in the Witch's Kitchen?
 Ketchup on Your Cornflakes?

 Never Use a Knife and Fork
 Mrs Mole, I'm Home
 The Doghouse
 Egg Drop

 Trash Truck
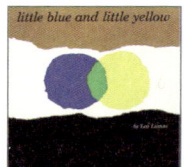 Little Blue and Little Yellow
 Baghead
 Not a Box

 That's My Carrot!
 Duck! Rabbit!
 I Love Lemonade
 Silly Suzy Goose

 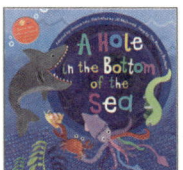 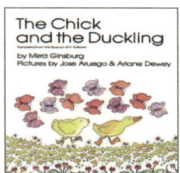 

| Tap the Magic Tree | A Hole in the Bottom of the Sea | The chick and the duckling | A Bit Lost |

  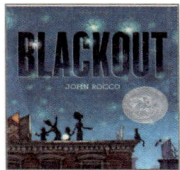 

Shh! We Have a Plan Yes Day! Black out Knuffle Bunny

  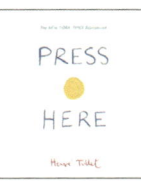 

The Watermelon Seed Mix It Up! Press Here They All Saw a Cat

  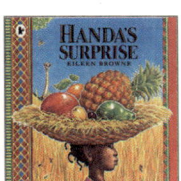 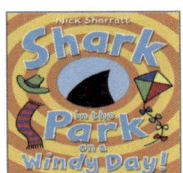

I Want My Hat Back What a Naughty Bird Handa's Surprise Shark in the Park on a Windy Day

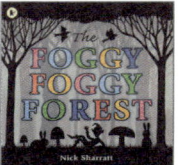
The Foggy Foggy Forest

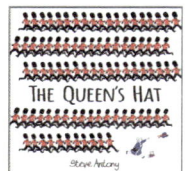
The Queen's Hat

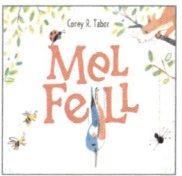
Mel Fell

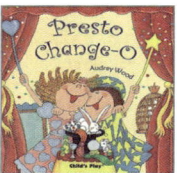
Presto Change-O

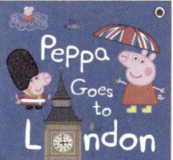
Peppa goes to London

Peppa goes to Seoul

My Big Shouting Day

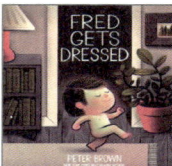
Fred Gets Dressed

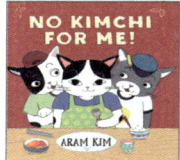
No Kimchi for Me!

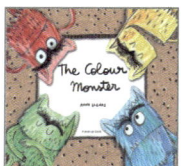
The Colour Monster

Papa, Please Get the Moon for Me

It's Okay To Be Different

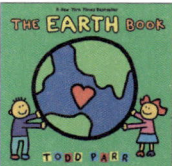
The Earth Book

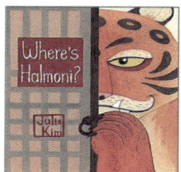
Where's Halmoni?

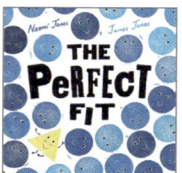
The Perfect Fit

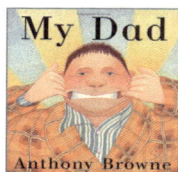
My Dad

The Hundred Decker Bus

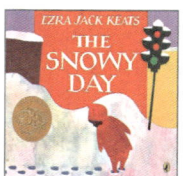
The Snowy Day

Suddenly

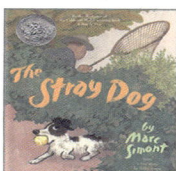
The Stray Dog

Far Far Away

When Spring Comes

Kitten's First Full Moon

Where's My Teddy?

The Dot

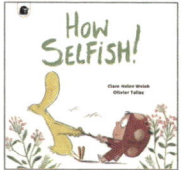
How Selfish!

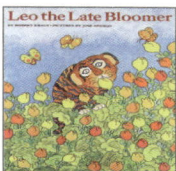
Leo the Late Bloomer

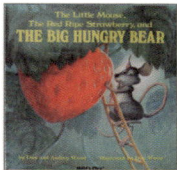
The Big Hungry Bear

Aaaarrgghh, Spider

Wacky Wednesday

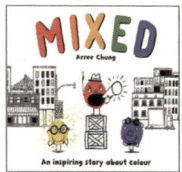
Mixed

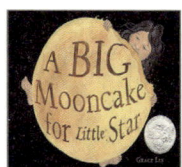
A Big Mooncake for Little Star

Pete's a Pizza

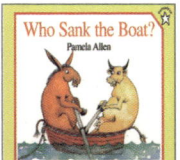
Who Sank the Boat?

Roller Coaster

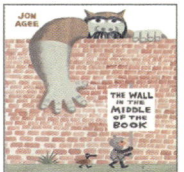
The Wall in the Middle of the Book

When I Was Five

Chopsticks!

부록

초급 <시리즈>

Maisy First Picture Book

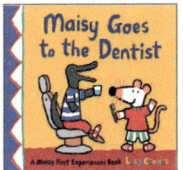
A Maisy First Experiences Book

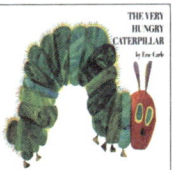
Eric Carle's Very Little Library

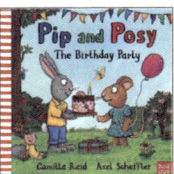
Pip and Posy

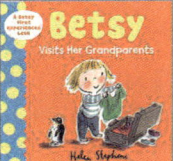
A Betsy First Experiences book

Peppa Pig 페이퍼백 세트

The Pigeon

Elephant & Piggie

Mr. Panda

Caillou Picture Book

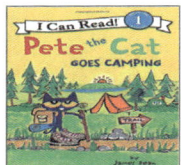
Pete the Cat

Five Little Monkeys

Ben & Holly's Little Kingdom

Hello, Hedgehog

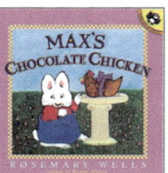
Max & Ruby

Paw Patrol (Step into reading)

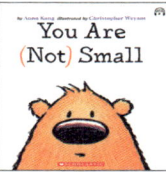
You Are (Not) Small 시리즈

ORT (Oxford Reading Tree) 단계별 수준 상이

중급 <단권>

 Harry the Dirty Dog

 Don't Do That!

 When Sophie Gets Angry Really, Really Angry

 The Grand Hotel of Feelings

 The Black Rabbit

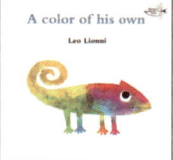 A Color of His Own

 Olivia...and the Missing Toy

 The Way Back Home

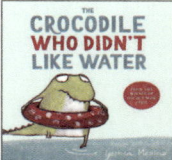 The crocodile who didn't like water

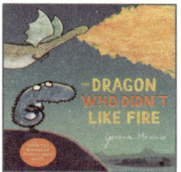 The Dragon Who Didn't Like Fire

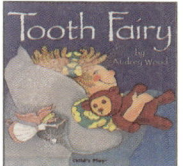 Tooth Fairy

 The Leaf Thief

 Burger Boy

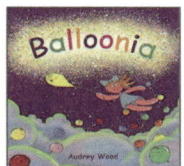 Balloonia

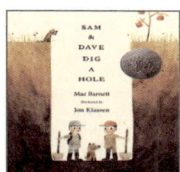 Sam & Dave Dig a Hole

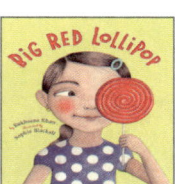 Big Red Lollipop

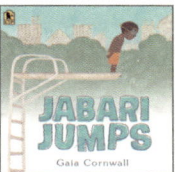 Jabari Jumps

 My Lucky Day

 Spoon

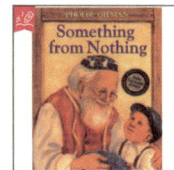 Something from Nothing

If I Built a House

Creepy Pair of Underwear!

The Day The Crayons Quit

How Does Santa Go Down the Chimney?

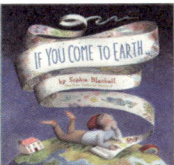
If You Come to Earth

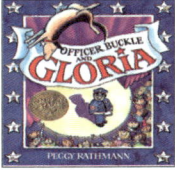
Officer Buckle and Gloria

Here We Are

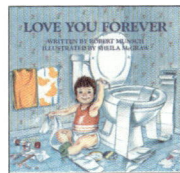
Love You Forever

The Paper Bag Princess

Eraser

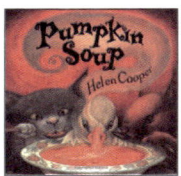
Pumpkin Soup

Where Happiness Begins

Leave Me Alone!

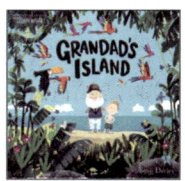
Grandad's Island

First Big Book of Why

중급 <시리즈>

ORT (Oxford Reading Tree) 단계별 수준 상이

Bluey

Fly Guy

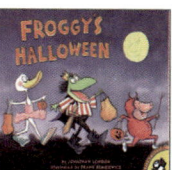
Froggy

Charlie and Lola

Jory John의 The Food Group

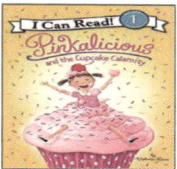
Pinkalicious

Amelia Bedelia

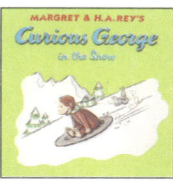
Curious George

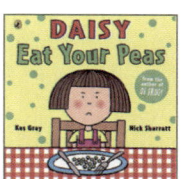
Daisy Picture Book

Pig the Pug

Stacy McAnulty의 Our Universe

Press Start

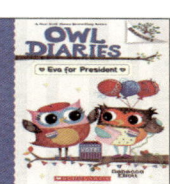
Owl diaries

Magic School Bus Readers 페이퍼백 세트

Pizza and Taco

Fly Guy Presents　　Judy Moody and Friends　　Henry and Mudge　　The Princess in Black

아이에게 쓰는 상황별 영어 표현

(60가지 상황)　(400문장 이상)

1. 일상생활

1 빨래 개기

- Can you help mommy fold the laundry?　엄마 빨래 개는 것 좀 도와줄래?
- Let's start with folding a shirt.　셔츠부터 개어 보자.
- First, fold the shirt in half lengthwise.　먼저, 셔츠를 긴 쪽으로 반으로 접자.
- Next, tuck the sleeves in.　다음으로, 소매를 안쪽으로 집어넣어.
- Then, fold the shirt in half again. Bring the bottom to the top, like this.　그러고 나서, 셔츠를 다시 반으로 접어. 아래쪽을 위쪽으로, 이렇게.
- All done. Can you put it in the drawer?　다 됐다. 서랍에 넣어 줄래?

2 식탁 차리기

- Can you help mommy set the table?　엄마 식탁 차리는 것 좀 도와줄래?
- Put the plate on the table.　그릇을 식탁 위에 올려줘.
- Place the utensils.　식기를 놓자.
- You are big enough to set the table by yourself.　스스로 식탁도 차릴 줄 알고 다 컸네.

- Place the spoon and chopsticks to the right of the bowl. 숟가락이랑 젓가락을 그릇 오른쪽에 놓으렴.
- The table is set. 식탁 다 차렸다.
- Thank you for setting the table. I'm so proud of you. 식탁 차려줘서 고마워. 너무 대견하다.

3 캡슐 커피 내릴 때

- Can you make coffee for mommy? 엄마 커피 좀 만들어 줄 수 있어?
- Please fill the glass with ice. 컵에 얼음 채워 주세요.
- First we need to turn on the machine. 먼저 우리 커피머신을 켜자.
- Put the capsule into the machine. 캡슐을 넣어.
- Place the cup right here. 여기에 컵을 놔.
- Press the button to start brewing. 커피를 내리려면 버튼을 눌러.
- What do we need to make iced latte? 아이스 라떼 만들려면 뭐가 필요하게?
- Let's pour the milk. 우유를 붓자.
- A little bit more! 조금만 더!
- Enough. 그만.
- Give it a stir to chill it. 시원해지게 저어줘.

4 분리수거 할 때

· We're going to recycle. 우리 분리수거 할 거야.

· This bin is for paper. 이 쓰레기통이 종이류야.

· You have a plastic bottle. 플라스틱병을 가지고 있네.

· Which bin does it go in? 그건 어디에 넣어야 해?

· Plastic goes in the plastic bin. 플라스틱은 플라스틱 쓰레기통에 넣어.

· This is plastic and goes in here. 이건 플라스틱이니까 여기로.

· All done! Thank you for helping me. 다 했다! 도와줘서 고마워.

5 집안 환기시킬 때

· Let's air out the house. 환기 좀 시키자.

· The air in the house is stuffy. 집안 공기가 좀 답답한데.

· Can you open the window please? 창문 좀 열어줄래?

· But don't open the screen door, okay? 근데 방충망은 열지 마, 알았지?

· If you open the screen door, the bugs might come into the house. 만약에 방충망을 열면, 벌레가 집 안으로 들어올 수도 있어.

· Keep it closed. 닫아놔.

6 키를 잴 때

· Let's find out how much you've grown. 얼마나 컸는지 보자.

· Stand up straight. 똑바로 서봐.

· Put your heels together. 발꿈치를 모아.

· You're standing on your tiptoes. 발꿈치를 들고 있네.

· Stand still. 가만히 서 있어봐.

· You're 109cm tall. 109센티미터야.

7 몸무게를 잴 때

· Let's check how much you weigh. 몸무게가 얼마나 되는지 재보자.

· Step on the scale. 체중계 위에 서봐.

· Let me read the number. 숫자 좀 볼게.

· You weigh 19kg. 19킬로네.

· You've grown so much. 많이 컸구나.

8 이가 흔들릴 때

· You have a wobbly tooth. 이가 흔들리네.

· You shouldn't worry. 걱정할 필요 없어.

· The wobbly tooth is a baby tooth, ready to fall out. 흔들리는 이는 빠질 준비를 하고 있는 젖니야.

· A new one will grow in its place. 새 이가 그 자리에서 자랄 거야.

· Try not to wiggle it too much. 너무 많이 흔들지는 마.

9 이가 빠졌을 때

· You lost a tooth! 이가 빠졌네!

· Put it under your pillow. 베개 밑에 넣어.

· The tooth fairy will come. 이빨 요정이 올 거야.

· The tooth fairy will swap the tooth for treasure. 이빨 요정이 보물로 바꿔 줄 거야.

· Look! The tooth fairy left you treasure. 봐봐! 이빨 요정이 보물을 놓고 갔네.

10 딸꾹질할 때

· You have the hiccups. 딸꾹질하네.

· How do you stop the hiccups? 어떻게 딸꾹질을 멈추게 하지?

· Do you know how to get rid of the hiccups? 딸꾹질 멈추게 하는 방법 알아?

· Hold your breath and blow it out. 숨을 참았다가 내쉬어봐.

· Nothing is working. 아무것도 안 통하네.

· You still have the hiccups. 아직도 딸꾹질하는구나.

· Are the hiccups gone? 딸꾹질 멈췄어?

🟢 11 입술이 텄을 때

· Your lips are chapped. 입술이 텄네.

· Don't lick your lips. 입술 핥지 마.

· Stop licking your lips. 입술 그만 핥아.

· I'll put some lip balm on you. 립밤 발라줄게.

· Rub your lips together like this. 입술을 이렇게 비벼봐.

🟢 12 모기 물렸을 때

· You got a mosquito bite on your forehead. 이마에 모기 물렸어.

· Isn't it itchy? 안 간지러워?

· Don't scratch the mosquito bite. 모기 물린데 긁지 마.

· If you scratch it too hard, it may leave a scar. 너무 세게 긁으면, 흉터가 남을 수도 있어.

· Let's put on some bug spray. 모기 기피제 좀 뿌리자.

🟢 13 사인펜이 묻었을 때

· You got a marker on your arm. 팔에 사인펜 묻었어.

· Let's see if it comes off. 지워지나 보자.

· It's not coming off. 안 지워지네.

· Don't worry. 걱정 마.

· It will come off with water. 물로 지워질 거야.

· It's okay. You can wash that off. 괜찮아. 씻으면 돼.

14 하원 후에

- Was today a good day or a bad day? 오늘 좋은 하루였어, 안 좋은 하루였어?
- Who did you play with today? 오늘 누구랑 놀았어?
- What did you do with them? 그 친구들이랑 뭐했어?
- How was your lunch? 점심은 어땠어?
- Who did you sit next to at lunch? 점심시간에 옆에 누가 앉았어?
- Did anything make you feel uncomfortable(sad/ worried)? 불편하게(슬프게/ 걱정되게) 한 건 없었어?
- Who was today's leader? (유치원에서 하는 역할 물어보기) 오늘의 리더는 누구였어?
- What's your favorite thing to do at school? 유치원에서 뭐하는 게 제일 좋아?
- What was the funniest thing you saw today? 오늘 본 것 중에 제일 웃기는 게 뭐야?
- What do you like about (친구 이름)? (친구 이름)의 어떤 게 좋아?
- Can you teach me a song you sang? 오늘 부른 노래 좀 가르쳐 줄래?
- Tell me about the story you listened to. 오늘 들었던 이야기(책) 한번 말해줘.
- Can you tell me one thing you learned today? 오늘 배운 것 중에 하나 말해줄래?

15 손 씻을 때

· Turn on the water. 물을 틀어.

· Get your hands wet. 손을 적셔.

· Let's get soap on your hands. 손에 비누를 묻히자.

· Squirt it out. 비누를 짜.

· Let's rinse the soap off. 비누를 헹구자.

· Then we'll dry them with the towel. 그리고 이제 수건으로 손을 닦자.

2 식사 시간

16 물 마시기

· Stay hydrated. 물 많이 마셔.

· Juice is yummy and it's okay to have it sometimes. 주스는 맛있지 가끔 먹는 건 괜찮아.

· But water is best for keeping you healthy and hydrated. 근데 건강과 수분 섭취를 위해서는 물이 최고야.

· When it's hot outside, drinking water is more important. 밖이 더울 때 물 마시는 것은 더 중요해.

· You gotta drink way more water than you think. 네 생각보다 훨씬 많은 물을 마셔야 한단다.

17 밥 먹기 전에 군것질할 때

· Oh~ no more snacking. 군것질은 이제 그만하자.

· It will spoil your dinner. 저녁 밥맛 없어져.

· We're gonna have dinner in an hour. 우리 한 시간 후에 저녁 먹을 건데.

· You'll spoil your appetite. 입맛 없어져.

· You won't be able to eat dinner. 저녁을 잘 못 먹을 텐데.

18 과일 먹을 때

· This is the ripest. 이게 가장 잘 익었네.

· You wanna try this one? 이거 먹어볼래?

· How about some blueberries, too? 블루베리도 좀 먹을래?

· Blueberries are so yummy. 블루베리 되게 맛있어.

· Because they are in season now. 왜냐면 지금 제철이거든.

· Blueberries are very nutritious. 블루베리는 영양이 아주 풍부해.

· Blueberries are especially good for your eyes. 블루베리는 특히 눈에 좋아.

19 빵 먹을 때

· Do you want a jam sandwich? 잼 바른 빵 먹을래?

· Spread jam on bread. 빵에 잼을 발라.

· Do you like the crust? 식빵 테두리 좋아해?

· Do you want me to cut off the crust? 엄마가 식빵 테두리 잘라줄까?

· Do you want some milk with your bread? 빵이랑 우유도 같이 마실래?

3 놀이 시간

20 퍼즐 맞추기

- Let's start with the corners. 모퉁이 쪽부터 시작해 보자.
- Where does this piece go? 이 조각은 어디에 놓지?
- It fits. 딱 맞네.
- Let's find pieces with straight edges. 모서리가 일자로 된 조각을 찾아봐.
- Try to match the castle pieces. 성 조각을 맞춰봐.
- Maybe they fit together. 그거 서로 맞겠다.
- Let's build the outside edge first, before doing the inside. 퍼즐 가장자리 쪽을 먼저 맞춰봐, 안쪽 하기 전에.
- This goes over here. 그건 여기쯤이겠다.
- That doesn't seem right. 그건 안 맞는 거 같은데.
- You can try turning that piece around. 퍼즐 조각을 돌려봐 봐.
- Let's check this one. 이거 한번 보자.
- It's almost done. 거의 다 됐다.
- Just a few more pieces left! 몇 조각 안 남았어!
- The last piece! 마지막 조각!

21 보드게임 할 때(조각 맞추는 게임)

· Let's get started. 시작해 보자.

· No peeking! 몰래 보지 마!

· This goes here. 이건 여기로 가.

· I think you're close. 거의 다 맞춘 거 같아.

· Level 12 is a bit tricky but we've got this. 12단계는 좀 어렵지만 우린 할 수 있어.

· Check if the colors match. 색깔이 맞는지 확인해 봐.

· This is more like it. 이게 더 맞는 거 같아.

· I didn't think you'd solve it so fast. 이렇게 빨리 맞출 줄은 몰랐어.

· If it doesn't fit, try turning it first, then flip it. 만약 안 맞으면, 먼저 돌려본 다음에 뒤집어 봐.

· You nailed it. 정말 잘했어.

· You're getting the hang of it. 요령을 알았구나.

22 쿠키 만들기

· Are you ready to make cookies? 쿠키 만들 준비 됐니?

· Let's press the dough down. 반죽을 누르자.

· Just knead it with your palm. 손바닥으로 그냥 치대봐.

· We have different cookie cutters here. 우리 여기 각각 다른 쿠키 틀이 있어.

· Put the cookie cutter on top of the dough. 쿠키 틀을 반죽 위에 올려.

· Press down, then lift the cutter up. 꾹 누른 다음 쿠키 틀을 들어 올려.

· Take it out. (쿠키 틀 안에 있는 반죽 조각을) 꺼내.

· It's time to bake! 구울 시간이다!

· Let's put them in the oven. 오븐에 넣자.

· Cookies are ready! 쿠키가 다 됐어요!

23 아이스크림 가게 놀이

· Hello, how can I help you? 안녕하세요. 무엇을 도와드릴까요?

· What flavors of ice cream do you have? 무슨 맛 아이스크림이 있나요?

· OK, then I'll go for the mint, please. 그럼 전 민트 맛 주세요.

· I'll have one scoop of vanilla with sprinkles. 저는 바닐라 한 스쿱 스프링클 올려서 주세요.

· In a cone or cup? 콘에요, 컵에요?

· Mint in the cone? 콘에 민트 맛이요?

· Can I get a cup of strawberry ice cream? 딸기 맛 아이스크림 컵에 주실래요?

· There's no mint left. 민트 맛이 다 떨어졌네요.

· Then I'll go for chocolate flavor instead. 그러면 대신에 초콜릿 맛 주세요.

· Will that be all? 더 주문할 건 없나요?

· That's all. 그게 다예요.

- Here's your pager. 여기 진동벨이요.
- Pick up your ice cream when the pager rings. 진동벨이 울리면 아이스크림 가져가세요.

24 매니큐어 바르기

- This is called 'nail polish'. 이건 'nail polish'라고 불러.
- Do you want to try painting your nails by yourself? 혼자 손톱을 칠해 보고 싶어?
- Let me help you. 엄마가 도와줄게.
- Choose the colors you want to paint your nails with. 손톱에 바를 색깔을 골라봐.
- But you got a little nail polish on your skin. 근데 살에 매니큐어가 좀 묻었다.
- Don't touch your nails until they are dry, okay? 손톱 다 마를 때까지 만지면 안 돼, 알았지?
- Can I see your nails? 손톱 좀 볼까?
- You painted a different color on every single nail. 손가락 하나하나에 다 다른 색깔을 칠했네.
- Your hands look like a rainbow. 네 손이 꼭 무지개 같다.

4   외출 및 쇼핑

25 엘리베이터에서

- Can you hit(press) the button? 버튼 좀 눌러줄래?
- My hands are full. (엄마) 손이 없어.
- Hit(Press) B1, please. 지하 1층 눌러줘.
- We are on the first basement level. 우리는 지하 1층에 있어. (지하 2층: second basement level, 지하 3층: third basement level)
- We're going down(up). 우리 내려간다(올라간다).

26 에스컬레이터 탈 때

- This escalator is really steep. 이 에스컬레이터는 엄청 가파르네.
- Grab the handrail. 손잡이 잡아.
- Keep your feet away from the sides. 발을 옆쪽에 대지 말고.
- You know it's dangerous to play on the escalator, right? 에스컬레이터에서 장난치는 건 위험한거 알지?
- You could get hurt. 다칠 수도 있어.
- You can't run on the escalator. 에스컬레이터에서 뛰면 안 돼.
- You can't lean over the railing. 난간에 기대면 안 돼.

27 마트에서

· Do you want to ride in the cart? 카트에 탈래?

· Let's go to the dairy section. 유제품 코너로 가보자.

· Don't open it until we pay for it. 계산할 때까지 뜯지 마.

· Can you put it in the cart? 그거 카트에 넣어 줄래?

· Peaches are in season now. 복숭아가 지금 제철이야.

· Let's go to the checkout. 계산대로 가자.

28 셀프 계산대에서

· It's time to check out. 계산할 차례다.

· This machine is called self-checkout. 이 기계는 셀프 계산대라고 불러.

· Let's use the self-checkout. 이 셀프 계산대를 이용해 보자.

· Can you find the barcode on your ice cream? 아이스크림에 바코드 보여?

· You can scan the ice cream here. 여기에 아이스크림을 스캔하면 돼.

· Scan it. 스캔해.

· Place it in this bagging area*. 계산대에 (물건 올리는 곳) 올려놔.

  *bagging area: 계산대에 물건 올려놓는 곳

· Put the card in this slot. 카드를 이 투입구에 넣어.

· And press this button. 그리고 이 버튼을 눌러.

· Take your card. 카드 챙겨.

· Let's put all the ice cream in the plastic bag. 비닐봉지에 아이스크림을 전부 다 넣자.

29 빵집에서

· We're at the bakery now. 우리 이제 빵집에 왔다.

· Tongs and trays are over there. 집게랑 쟁반은 저기 있네.

· There are so many kinds of bread here. 여기 빵 종류가 많네.

· What would you like to eat? 어떤 거 먹고 싶어?

· This bread is freshly baked. 이건 갓 구워진 빵이야.

30 장난감 뽑기 할 때

· Do you want to try the toy vending machine? 장난감 뽑기 해보고 싶어?

· What do you want to get? 뭐 뽑고 싶어?

· I have a feeling My melody will come out. 마이멜로디가 나올 것 같은 느낌이 드는데.

· You can have one try. 한 번만 해봐.

· Put the coins in the slot. 구멍에 동전을 넣어.

· Turn the handle. 손잡이를 돌려.

· Then the capsule rolls all the way down to the bottom. 그럼 통이 아래로 쭉 굴러 나올 거야.

· It's right there. 거기 나왔네.

· Open the capsule. 통 열어봐.

· What's inside? 안에 뭐가 있어?

31 둘 중 하나만 사야 할 때

· You picked both 티니핑 and 위시캣. 티니핑이랑 위시캣 둘 다 골랐네.

· I know they're both nice, but you can choose only one today. 둘 다 좋은 건 엄마도 아는데 오늘은 하나만 골라야 돼.

· Take your time. 천천히 골라.

· You're very serious. 엄청 진지하네.

· Great choice. 잘 골랐다.

· Let's go pay for it. 가서 계산하자.

32 줄 서서 기다릴 때

· Let's wait in line. 줄 서자.

· Waiting can be hard but you're doing it! 기다리는 게 힘들긴 하지만 잘 하고 있어!

· It's taking forever. 하루 종일 걸리네.

· It's almost our turn. 거의 우리 차례다.

· How many people are left before it's our turn? Let's count together. 우리 차례 앞에 몇 명이나 더 있지? 같이 세보자.

5 야외 활동

33 킥보드 탈 때

· Do you want to ride a scooter? 킥보드 타고 싶어?

· Then put on your helmet first and your knee pads, too. 그럼 헬멧부터 쓰자. 무릎 보호대도 차고.

· Be careful not to fall over. 안 넘어지게 조심해.

· Slow down. 천천히 가.

· Watch where you're going. 앞에 잘 보고 가.

· Wait up! 기다려, 같이 가!

34 비눗방울 할 때

· Dip the stick in the mixture. 비눗방울 액에 막대기를 담가.

· Then lift the stick up and wave it around. 그런 다음 막대기를 들어 올려서 흔들어봐.

· It's even better if you run along. (막대기를 들고) 달리면 비눗방울이 더 잘 나와.

· Pop the bubbles. 비눗방울을 터뜨려 봐.

· The bubble mixture is all used up. 비눗방울 액을 다 써버렸네.

35 물총 놀이할 때

· Take off the cap. 뚜껑을 열어.

· Fill it up. 물 채우자.

· Is it full? 꽉 찼어?

· Close the cap. 뚜껑 닫아.

· Are you ready? 준비됐어?

· Let's have a water gun fight. 물총 싸움 하자.

· I'm gonna get you! 내가 맞힐 거다!

· I'm soaking wet. 나 완전 다 젖었어.

· Let's not shoot at people. 사람한테는 쏘지 말자.

36 추운데 계속 놀이터에 있을 때

· The sun is setting. 해가 지고 있어.

· The days are getting shorter. 해가 점점 짧아지네.

· It's chilly. 쌀쌀하다.

· Aren't you cold? Let's go home. 안 추워? 집에 가자.

· There's a big difference in temperature between day and night. 낮과 밤에 일교차가 커.

· It's getting colder. 점점 추워진다.

· I'll zip it up for you. 지퍼 올려줄게.

· You're coughing! 기침하네!

· It's easy to catch a cold. 감기 걸리기 쉬워.

37 차례를 기다릴 때

· Let's take turns. 번갈아 가면서 (차례차례) 하자.

· Who goes first? 누가 먼저 할래.

· You should wait until your friend is done. 친구가 다 할 때까지 기다려야 해.

· Are you waiting for your turn on the swing? 그네 차례 기다리고 있니?

· It's almost your turn. 이제 거의 네 차례야.

38 선크림 바를 때

· You should put on sunscreen to protect your skin from the sun. 햇빛으로부터 피부를 보호하기 위해서 선크림을 발라야 해

· Let's get some sunscreen on you. 선크림 발라 줄게.

· I wouldn't want you to get a sunburn. 너무 타면 안 되잖아.

· Make sure to cover your hands. 손에도 잘 발라야 해.

· Apply it like this. 이렇게 발라.

39 그늘에 있자고 할 때

· Let's get out of the sun. 햇빛 없는 쪽으로 가자.

· Let's move to the shade. 그늘로 가자.

· The shade is over there. 저 쪽에 그늘 있다.

· Come over here in the shade. 여기 그늘로 와.

· The sun is too strong today. 오늘 햇볕이 너무 세다.

6   날씨 관련

40 비 오는 날

· It's raining heavily. 비가 엄청 많이 온다.

· Take your umbrella. 우산 챙기자.

· Can you open the umbrella by yourself? 스스로 우산을 펼 수 있니?

· Let's share my umbrella. 내 우산 같이 쓰자.

· Stay dry. 비 맞지 마.

41 후덥지근하고 습한 날

· It's muggy today. 오늘 후덥지근하다.

· It's raining on and off. 비가 오다 말다 하네.

· It looks like the rainy season has started. 장마가 시작된 것 같아.

· It's hot and humid. 덥고 습하다.

· I feel sticky. 몸이 끈적거려.

42 너무 더울 때

· It's scorching. 엄청 덥다.

· You are all sweaty. 땀범벅이네.

· It's boiling hot. 완전 찜통이야.

- It's too hot to play outside. 밖에서 놀기엔 너무 더워.
- Let's stay cool inside. 안에서 시원하게 있자.

43 눈 오는 날

- Look out the window. 창밖을 봐봐.
- It's snowing heavily. 눈이 많이 오네.
- Do you wanna play in the snow? 눈밭에서 놀고 싶어?
- It's very cold so you need to bundle up. 진짜 추워서 따뜻하게 입어야 해.
- Don't forget to wear your hat and gloves. 모자랑 장갑 끼는 거 잊지 말고.
  (목도리: scarf, 벙어리장갑: mittens, 귀마개: earmuffs)
- Snow has piled up. 눈이 쌓였어.
- Let's make a snowman. 눈사람을 만들어 보자.
- I got sticks to make the snowman's arms. 눈사람 팔을 만들 막대기를 가져왔어.
- Can you get a stick for the snowman's nose? 눈사람 코를 만들 막대기 좀 갖다줄래?
- Throw the snowball to daddy. 아빠한테 눈 뭉치를 던져봐.
- Everything is covered in white. 온 세상이 하얗게 덮였네.
- Let's see how deep the snow is. 눈이 얼마나 쌓였나 보자.
- Does it come up to your ankle? 발목까지와?
- The snow is up to your knees. 눈이 네 무릎까지 오네.

44 바람 부는 날

· It's windy today. 오늘 바람이 많이 불어.

· Hold on to your hat! 모자 꽉 잡아!

· Your hair is flying everywhere. 머리카락이 다 날리고 있어.

· Look at the trees swaying. 나무가 흔들리는 거 봐.

· The wind is pushing us. 바람이 우리를 밀고 있어.

7 계절 및 자연

45 벚꽃이 피었을 때

· Cherry blossoms are blooming. 벚꽃이 피었네.

· They look like pink popcorn. 꼭 분홍색 팝콘 같아.

· It's a beautiful day for cherry blossom viewing. 벚꽃 구경하기 너무 좋은 날이다.

· It's not yet in full bloom, but it's close. 완전히 만개한 건 아닌데 곧 다 피겠어.

· There are still plenty yet to pop. 아직 안 핀 것도 많네.

· Cherry blossoms are in full bloom. 벚꽃이 만개했어.

· Cherry blossoms are falling. 벚꽃이 떨어진다.

46 매미 소리가 들릴 때

- What's that loud noise from up in the tree? 나무 위에서 나는 시끄러운 소리는 뭘까?
- Cicadas are buzzing so loudly that I can hardly hear you. 매미가 너무 시끄럽게 울어서 네 말이 잘 안 들리네.
- Cicadas are the loudest insects in the world. 매미는 세상에서 가장 시끄러운 곤충이야.
- Luckily for us, they don't bite or sting. 다행히도, 우리를 물거나 쏘지는 않아.
- Do you know how long cicadas live? 매미가 얼마 동안 사는지 알아?
- You can guess. 맞춰봐.
- They usually live for a few weeks to a month. 매미는 보통 몇 주에서 한 달 동안 살아.
- Cicadas live mostly underground for many years. 매미는 대부분 땅속에서 몇 년 동안 살아.
- Then they come out in summer. 그러고 나서 여름에 나와.

47 수영장에서

- Let's go on the water slide. 미끄럼틀 타러 가자.
- You must not run at the pool. 수영장에서는 절대 뛰면 안 돼.
- It can be very wet and you could slip and fall. 젖어서 미끄러지거나 넘어

질 수 있어.

· You should put on the life jacket. 구명조끼를 입어야 해.

· Your life jacket helps you to stay afloat. 네 구명조끼가 물에 뜨게 도와줄 거야.

· Do you need the float? 튜브 필요해?

· Hold on to this float. 이 튜브를 잡아.

· Do you need swimming goggles? 물안경 필요해?

· Come in with mommy. 엄마랑 같이 들어가자.

· Daddy made a big splash. 아빠가 물을 많이 튀었네.

· Swim to mommy. 엄마한테 수영해서 와봐.

· Daddy is right there by your side. 아빠가 바로 옆에 있잖아.

· Take it easy. 긴장하지 말고.

48 모래놀이 할 때

· Fill the dump truck (cup / mold / bucket) with sand. 덤프트럭(컵/ 틀/ 양동이)에 모래를 채우자.

· Flip over the mold and carefully lift it. 틀을 뒤집고 살살 들어 올려.

· Sand that's too dry won't stick together at all. 너무 마른 모래는 안 뭉쳐질 거야.

· Pour some water on the sand. 모래에 물을 좀 부어보자.

- Let's dig in the sand with the shovel. 삽으로 모래를 파보자.
- Are you done playing? Let's brush the sand off. 다 놀았어? 모래 털자.

49 낙엽 밟기

- Crunch, crunch 바스락, 바스락
- Leaves go crunch. 나뭇잎이 바스락거리네.
- There's a pile of leaves. 저기 낙엽 한 더미가 있어.
- Let's go and step on the (fallen) leaves! 가서 낙엽을 밟아보자!
- Fall is in full swing. 가을이 절정이다.
- The leaves are turning yellow, red, orange and brown. 나뭇잎이 노랑, 빨강, 주황 그리고 갈색으로 변하고 있네.
- Some trees such as pine trees remain green throughout the year. 소나무 같은 나무는 일 년 내내 초록색이야.
- Do you wanna kick the leaves and watch them scatter? 낙엽을 발로 차서 흩날리는 거 볼래?
- Let's find the biggest leaf. 제일 큰 낙엽을 찾아보자.
- The leaf is as big as your face. 나뭇잎이 네 얼굴만큼 커.

8. 문화 활동 및 여행

50 도서관에서

· The children's section is over here. 어린이 자료실은 이쪽이야.
· You should be quiet in the library. 도서관에서는 조용히 해야 해.
· Do you want to borrow these books? 이 책들을 빌리고 싶니?
· Put your books on the self-checkout machine. 도서 대출기 위에 책들을 올려놔.
· All done! The books are checked out! 다 됐다! 책 대출 완료!

51 아쿠아리움에서

· The aquarium is a place with lots of fish. 아쿠아리움은 물고기들이 엄청 많은 곳이야.
· You see? There are millions of fish. 보여? 물고기가 정말 많이 있네.
· Let's see what fish are in this tank. 이 수조에는 어떤 물고기가 있나 보자.
· Spotty fish, Stripy fish 점무늬 물고기, 줄무늬 물고기
· What's in this tank? 이 수조에는 뭐가 있어?
· This fish is called a 'frogfish'. 이 물고기 이름은 'frogfish'래.
· It looks like a rock. 돌같이 생겼다.
· Wow, an underwater tunnel! 해저 터널이다!

- It's like we're fish underwater. 마치 우리가 물속에 물고기가 된 것 같다.
- Penguins are really good at swimming. 펭귄 수영 진짜 잘한다.
- Can you walk like penguins? Penguins waddle. 펭귄처럼 걸을 수 있어? 펭귄은 뒤뚱뒤뚱 걷지.

52 미술관에서

- We are going to an art museum. 우리 미술관에 갈 거야.
- What do you see in this picture? 이 그림에서 뭐가 보여?
- These were painted by Herve Tullet. 이것들 전부 에르베튈레가 그린 거야.
- When I look closer, I think I see circles. 가까이서 보니 동그라미가 보이네.
- Step back. 뒤로 물러나.
- What do you think it's made out of? 이건 뭐로 만든 것 같아?
- Hands off, please. 손대지 마.
- We've seen so many cool paintings today. 오늘 우리 진짜 멋진 그림들을 봤다.

53 여행 갈 짐을 쌀 때

- We need to pack for our trip. 우리 여행 갈 짐 싸야 해.
- Can you help mommy? 엄마 좀 도와줄래?
- Let's pick out your favorite toys to take with us. 우리랑 같이 갈 네가 좋아하는 장난감을 골라보자.

- Let's make a packing list. 짐 목록을 만들어 보자.
- What are you going to bring? 어떤 거 가지고 갈 거야?
- Put the toys in the suitcase. 가방에 장난감들 넣어.
- Did you pack everything on the list? 목록에 있는 거 다 챙겼어?
- Let's make sure we have everything we need for our trip. 우리 여행에 필요한 모든 걸 다 챙겼는지 확인하자.
- Let's pack your headphones for the airplane. 비행기에서 쓸 헤드폰도 챙기자.
- Wow! You're such a good helper! 와! 진짜 잘 도와주네!

54 여행에서 돌아와서 사진 볼 때

- Look at this picture. 이 사진 봐봐.
- Do you remember where this is? 여기 어딘지 기억나?
- What did you like the most about the pool? 여기 수영장에서 가장 좋았던 게 뭐야?
- You look so happy in that picture. 사진 속에 네 모습 너무 행복해 보여.
- This picture was taken at the market. 이 사진은 시장에서 찍은 사진이네.
- Do you remember what we bought? 우리 뭐 샀는지 기억나?
- These pictures remind you of the happy moments in Vietnam. 이 사진들이 너에게 베트남에서의 행복한 순간들을 떠올리게 하네.

9   기타 경험 및 감정 표현

55 상 받았을 때

- You won the best student award in English class! 영어 시간에 잘하는 친구들에게 주는 상을 받았구나!
- You deserve it! 받을만하지!
- I'm so proud of your hard work. 열심히 해서 너무 자랑스러워.
- Why do you think you won the prize? 왜 상을 받은 것 같아?
- You participated really well in class. 수업에 적극적으로 참여했구나.
- That's why you got the prize. 그래서 상도 받았네.
- Congratulations! 축하해!

56 새 신발을 신어볼 때

- Are these shoes comfortable? 신발 편해?
- Are your toes touching the end? 발가락이 끝에 닿아?
- Your feet have grown. 발이 커졌네.
- Try these new shoes on. 이 새 신발 한번 신어 봐.
- Good! They fit well. 좋아! 잘 맞네.

57 셀카 찍을 때

· Let's take a selfie. 우리 셀카 찍자.

· You can add filters to a photo. 사진에 필터를 입힐 수 있어.

· The camera has given you pretend whiskers. 카메라가 수염을 만들어줬네.

· The camera loves you. 사진발 잘 받네.

· You look better in person. 사진보다 실물이 더 나아.

· What a funny photo! 사진 웃기다!

· This photo is blurry. 이 사진은 흔들렸네.

· It came out really well. 진짜 잘 나왔다.

58 산타에게 소원 빌기

· What are you asking Santa for (this Christmas)? (이번 크리스마스 때) 산타 할아버지한테 어떤 선물 달라고 할 거야?

· Let's make a wish. 소원을 빌어 보자.

· Close your eyes. Don't tell me what it is. 눈을 감아. 소원이 뭔지는 엄마한테 말하지 마.

· Have you been good? 착한 일 많이 했나요?

· Will Santa bring you a present? 산타 할아버지가 선물을 주실까?

· Of course! Because you've been good. 당연하지! 착한 일 많이 했잖아.

· Santa comes when you're asleep! 산타 할아버지는 잠들었을 때 오신다!

부록   243

59 새해 결심 말하기

· Are you excited for the New Year? 새해라서 기대되니?

· Have you heard of a New Year's resolution? 새해 결심에 대해 들어봤어?

· It's a promise to yourself to do something better this year. 올해 뭔가 더 잘 해보기 위해 스스로에게 하는 약속이야.

· What's your New Year's resolution? 너의 새해 결심은 뭐야?

· Let's try our best to keep our resolutions. 우리 새해 결심을 잘 지켜보자.

60 아이에게 사랑 표현하기

· I love you to the moon and back. 하늘만큼 땅만큼 사랑해.

· I love you THIS much. 이만~~큼 사랑해. (손을 크게 벌리면서)

· I'll always love you, no matter what. 무슨 일이 있어도 항상 널 사랑할거야.

· You're my precious treasure. 너는 나의 소중한 보물이란다.

· I love you just the way you are. 네 모습 그대로를 사랑해.

· I love being your mom. 너의 엄마여서 행복해.

· I love spending time with you. 너와 함께하는 시간이 너무 좋아.

메모